TAX
The
Rich!

TAX THE Rich!

택스 더 리치

기후위기 시대,
국가는 무엇을 해야 하나

〈슈피겔〉선정
베스트셀러 작가
오르겐 렌더스 & 팀 잭슨호 지음

상상
북스

강수돌

(고려대학교 융합경영학부 명예교수)

이 책은 '기후위기 시대에 국가는 무엇을 해야 하나?'라는 주제와 관련해 매우 단도직입적이고 구체적인 제안을 합니다. '부자 과세'가 그 핵심이지요. 한 나라 안에서는 물론 세계적 차원에서도 상위 1%의 슈퍼부자들은 사회경제적 자산의 60% 내외를 차지할 정도고, 반면 하위 50%의 총재산을 다 합쳐도 전체의 20%가 될까 말까 한 수준입니다. 명실상부 '20대 80 사회'(사회 구성원의 20%는 안정된 일자리와 소득으로 잘 살지만 나머지는 힘들게 살아야 하는 불평등 사회)인 셈이죠. 이런 사회경제적 양극화는 갈수록 심해지면 심해졌지 완화하거나 평등한 방향으로 가고 있지 않습니다. 그래서 이 책 저자들은 말합니다. '부자에게 과세하라!'

지구 한쪽에서는 자본과 권력에 의해 무한한 '파이의 성장' 경쟁이 이뤄지고, 다른 편에서는 '파이의 분배'를 둘러싼 사회적 갈등이 높아지고 있습니다. 그 와중에 지구 생태계는 갈수록 파괴·고갈되고, 지구온난화와 기후위기로 상징되는 인류 전체의 생존이 위기에 놓였습니다. 특히 파키스탄이나 아프리카대륙의 가난한 나라들이 최악의 홍수나 가뭄으로 인해 극심한 피해를 입고 있지요. 실은 미국 캘리포니아 산불로 상징되듯 선진국 역시 예외는 아니고요. 하지만 세계 전체를 놓고 볼 때 기후위기를 초래한 온실가스를 압도적으로 많이 배출하는 계층이나 나라들보다 온실가스를 훨씬 덜 배출하는 사람들과 국가들이 더 많은 피해를 입고 있는 것도 사실입니다.

이 책의 문제의식은 바로 이런 현실에서 출발합니다. 지금까지 파이의 성장을 위해 시장 메커니즘에 의존해 왔다면 이제는 파이의 분배와 기후위기 같은 문제를 해결하기 위해 시장이 아닌 국가 메커니즘을 적극 활용해야 한다고 보는 것이죠. 그중에서도 저자들은 '부자 과세'와 같은 정부의 조세 정책이 가장 중요하다고 역설합니다. 지금까지와 같이 시장 메커니즘에 모든 걸 맡기면 환경위기나 사회위기 같은 문제들을 전혀 풀 수 없다는 얘기입니다. 그래서 저자들은 '정치가 중요하다!'고 말합니다. 모든 위기의 밑바탕에는 정치적 결정 문제가 놓여 있다는 것입니다.

저자들도 강조하지만 '책임 있는 자본주의'가 대안은 아닙니다. 그저 '착한 자본주의'라고 해서 기후위기를 제대로 해결한다는 보장은 없습니다. 그러나 정부가 조세 정책을 통해 현재의 자본주의 아래서도 기후위기에 적절히 대처할 수 있다고 강조합니다. 나아가 정부가 그런 방향으로 정책 변화를 이뤄 환경위기나 경제위기, 사회위기 등 오늘날 '복합 위기' 상황을 돌파하기 위해 광범위한 시민의식의 변화가 필요하다고 역설합니다. 즉 한편에서는 경제나 사회에 대한 문제의식을 넘어선 생태 감수성을 고양하는 것이 필요하고, 다른 편에서는 자기 나라 문제만 관심을 두는 것이 아니라 세계적 차원의 문제의식, 즉 세계시민의식이 필요하다고 얘기합니다. 기후위기나 경제위기가 더 이상 지역적·일국적 문제가 아니라는 것입니다.

이 책은 이미 기후위기에 대한 문제의식이 있는 사람들은 물론 기후위기와 그 대응책에 대해 좀 더 자세히 알고 싶은 사람들, 나아가 21세기 이후를 온전히 살아야 하는 미래 세대 청소년에게 국가의 역할, 정치의 역할에 대해 곱씹을 기회와 정보를 제공하는 참 좋은 책입니다. ('추천의 글' 전체는 책 뒤에 수록했습니다.)

'백만장자 상속녀' 마를렌 엥겔호른

마뜩잖지만 인정할 수밖에 없는 사실이 있다. 현재 부가 집중된 양상을 보면 봉건주의 시대에 권력이 귀족에게 집중되었던 것과 별반 다르지 않다. 우리 사회에서 부자들이 어떤 대우를 받는지를 살펴보면, 분명 우리는 권력의 불균형을 알 수 있다. 부자들에게 함부로 다가가선 안 된다. 가까이 다가서면 그들이 위력을 행사할 것이기 때문이다.

그들은 근로자를 해고할 수 있고, 상속세를 피해 자기에게 유리한 세금 제도를 시행하는 다른 나라로 재산을 이전할 수도 있다. 그런데도 부자들의 돈, 대개는 상속받은 돈이 그들이 우월하다는 증명이라도 되는 듯 그들은 존경받곤 한다. 이는 대중문화에 등장하는 영웅들을 통해 가장 두드러지게 나타난다. '배트맨'이나 '아이언맨' 같은 영화 주인공은 어마어마한 부를 소유한 백인 남성이다. 그리고 그들은 법과 사회 위에 서서 자신이 생각하는 정의를 세상에 실현하기 위해 무자비한 폭력을 행사한다.

나는 이런 예가 극단적이며 자본의 재무 구조는 훨씬 복잡하다는 사실을 알고 있다. 하지만 위의 예를 통해 핵심 원칙을 명쾌하게 추출할 수 있다. 지금 이 세상에는 여러 위기가 서로 얽히고설켜 있다는 사실이다. 그리고 이런 위기를 수습하는 데 필요한 재정적 자원이 있다. 물론 아주 소수의 사람에게만 해당하는 이야기다. 그런데 이들 중 너무 많은 사람이 우리가 이미 유치원에서 배운 사회생활의 기본원칙, 예를 들어 나눔은 좋은 것이라든가, 다른 사람을 희생시켜 이득을 보아선 안 된다는 것 등을 이해하지 못하는 것 같다. 또 그들의 행동이 현재의 위기 상황을 불러왔다는 긴밀한 관련성을 의식하지 못하는 것 같다. 그러니 책임감을 기대한다는 건 어림도 없는 일이다.

권력은 본래 좋은 것도 나쁜 것도 아니다. 보통 우리는 권력을 책임감과 결부시키지만, 책임이 의무는 아니다. 그리고 이것은 많은 권력자의 무책임한 행동에서 잘 드러난다. 통제되지 않는 권력은 가장 나은 형태라고 해도 가부장적이고 대개 권위주의적이기 때문이다. 하지만 민주주의 사회에서 사는 우리는 권력이 공평하게 분배되어야 한다고 믿는다. 이런 동등한 권리를 통해 자유가 보장되고, 여기에서 의무도 생겨난다.

개인의 자유에는 한계가 있고, 또 그 한계선에서 다른 사람의 자유와 맞부딪치게 된다는 점을 인정하는 사람만이 다른 사람과 관계를 맺으며 살아갈 수 있다. 이것이 바로 평등한 사회에서 조화롭게 공존하는 것이며 민주주의다. 즉, 특권과 권리는 서로 배타적 범주에 속한다는 말이다. 특권을 누리는 사람은 다른 많은 사람의 권리보다 자신의 안녕을 우위에 두고 기득권을 견고하게 다지는데, 이런 자세는 근본적으로 민주주의 원칙에 위배된다.

한 가지 이해할 수 없는 것이 있다. 왜 그렇게 많은 부자가 자신의 재산을 사회와 나누어야 할 때 억울하고 원통해 할까? 바로 그 사회가 없이는 그들의 재산도 존속하지 못할 텐데 말이다. 우리 모두는 이런 사회 체계와 떼려야 뗄 수 없는 관계에 있다. 나눔은 결국 '고작' 어떤 정략적 의지를 갖추고 있느냐의 문제일 뿐이다. 나눔을 실천하는 것은 내가 결정을 내리는 문제이지 하늘에서 떨어진 명령을 그냥 따르는 것이 아니다. 21세기에는 민주주의가 실현되어야 한다. 그러기 위해선 지난 세기에 누렸던 달콤한 권력에 대한 환상을 깨끗이 던져버려야 한다. 그러면 가장 먼저 해야 할 일은 각종 부에 대하여 세금을 부과하는 것이다.

이런 조치의 기저에는 한편으로 부는 권력을 의미하고 이 권력은 민주적으로 분배되어야 한다는 인식이 있다. 다른 한편으로는 모든 사람이 평등하게 대우받아야 한다는 원칙이 적용된다. 그래서 결국 우리는 일의 종류에 상관없이 모든 소득에 무조건 세금을 부과하고 있다.

사람은 언제나 일을 한다. 우리는 많은 일을 해내며 계속 발전해 나간다. 경작하고, 건설하고, 계속 고쳐 짓고, 살림을 꾸려 나간다. 이런 일에 어떻게 보수가 지급되고, 어떤 자금을 일에 조달하고, 누가 소득의 소유권을 갖게 되는지, 이 모든 것은 정치적 결정에 따라 이루어진다. 신이 정해준 우월한 사람이 따로 있는 것도 아니고, 더 많은 재산을 소유할 권한을 갖고 태어난 사람도 없다. 독일은 인권선언을 수호할 의무가 있는 사회이자 민주공화국으로서, 인간의 존엄성을 최우선 가치로 내세우고 민주주의의 발전을 지향하는 체제를 갖추고 있다. 우리는 오늘날까지 분배 정책을 꾸준히 개정해 왔고, 앞으로도 계속 민주적으로 발전시켜야 한다.

앞으로는 국민 모두의 정치적 의사가 반영될 수 있는 방식으로 정치적 결정이 이루어져야 한다. 사회를 구성하는 우리는 최상위 1%의 부자들이 타인의 결핍과 가난을 바탕으로 부를 늘리지 못하게 해야 한다. 부유층과 빈곤층은 동전의 양면과 같다. 부유층과 빈곤층이라는 이런 양극단은 우리 사회의 분배 시스템에서 여러 결정들이 모여 이루어진 결과다. '최고 부유층'이라는 뜻의 '초부유층'이라는 개념은 이런 의미를 이해하는 데 도움이 된다. '초'는 정도를 지나치게 '너무 많다'는 뜻을 담고 있기 때문이다. 이것이 우리 사회에서 갖는 의미가 무엇인지 물을 때, 당연히 다음 질문들에도 대답해야 한다. 얼마나 많아야 너무 많은 것이 될까? '너무 많은' 재산으로 무엇을 할 수 있을까? 그리고 무엇을 할지를 누가 결정할 수 있을까?

이 책은 부자에 대한 과세를 주장하는 다양하고 중요한 의견 중 하나를 담고 있다. 영화, 다큐멘터리, 팟캐스트, 학술 연구, 논문 등에서 점점 더 많은 이들이 분배정의에 찬성하는 의견을 표명하고 있다. 그리고 조세정의는 분배정의에 이르기 위한 여러 방법 중 하나다.

조세정의는 무엇보다 민주적인 방법이다. 다시 말해서 해당 사회 구성원이 모두 참여하여 합의를 통해 분배정책을 결정할 수 있다. 사실은 예나 지금이나 너무도 많은 사람이 사회 구조적으로 정책 결정에서 배제되어 있지만, 사회 구성원이 모두 함께하면 제도를 바꿀 수 있는 권력이 생긴다. 합의를 도출하는 과정은 매우 험난하고 고단하다. 오랜 시간에 걸쳐 서로 영향을 주고받으며 관계를 쌓고, 사회 구성원 모두가 참여해야 한다. 분명 그렇게 수고할 가치가 충분히 있다!

| 차례 |

전 세계 부유층 사이에서 두 가지가 빠르게 늘어나고 있다. 그들의 재산과 그들이 발생시키는 이산화탄소. 상류층에는 부가 계속 집중되는 반면 하류층은 경제적 압박에 더욱 시달리고 있다. 그러는 사이 갈수록 악화하는 기후변화에 직면하여 기후변화가 초래한 문제를 극복하는 데 치러야 할 비용은 눈덩이처럼 불어나고 있다. 경제적 불평등과 지구온난화는 한결같이 극심해지고 있어서 우리는 환경적으로뿐 아니라 사회적으로도 전환점을 맞았다. 부자들이 단순히 그들이 일으킨 문제에 값을 치르는 것만으로 이렇게 불거진 위기를 막아낼 수 있을까?

아직 우리는 지구를 구해낼 수 있다. 하지만 쉽지는 않을 것이다. 지금 시장은 지구온난화와 심화하는 경제 불평등이라는 이중 위기를 극복할 능력이 없다. 분명 시장은 한몫하는 정도가 아니라 중요한 역할을 해야 한다. 하지만 정부의 단호한 조치와 국가의 든든한 재정 지원 없이는 어떤 변화도 이끌어낼 수 없다.

오늘날 우리 앞에 펼쳐진 현실은 정말 기가 막힌다. 이제까지 이토록 짧은 시간에 이처럼 중대한 변화가 많이 일어난 적은 없다. 기후가 변화하고 이와 더불어 모든 것이 달라지고 있다. 날씨, 경제, 사회뿐 아니라 심지어 미래를 전망하는 데 필요한 학문적 기본 전제마저 변했다. 미래에 어떤 농업이 펼쳐질지 우리는 알 수 없다. 해마다 계속 늘어나는 태풍과 산불에 어떻게 대처해야 할지도 모른다. 폭염을 피하거나 한파를 견뎌낼 뾰족한 대책도 없다.

이런 많은 변화가 한 사람의 일생, 이 짧은 시간 동안 바로 눈앞에서 펼쳐지고 있다. 이런 변화에 대응하려면 지금 당장 행동해야 한다.

우리는 과학기술을 활용해 우리가 해야 할 많은 일 중 가장 중요한 항목을 해결해 나갈 수 있다. 이는 화석연료 사용을 점차 줄여나가서 2050년까지 에너지원을 청정에너지로 완전히 전환하는 것이다. 이런 전환을 구현하는 데 필요한 대중의 지지도 확보했다.

물론 앞으로 펼쳐진 길이 평탄하지만은 않다. 아마도 이 과제는 인류가 직면한 가장 큰 공동 과제가 될 것이다. 이제까지 우리는 짧은 보폭으로 움직이며 그렇게 멀리 나아가지 못했다. 지금은 분명 앞으로 크게 도약해야 할 때다. 하지만 이런 큰 변화에 필요한 자금을 조달하지 못하면 힘차게 첫발을 뗄 수 없다. 이런 상황은 각 나라에서뿐 아니라 전 세계적으로도 마찬가지다. 앞으로도 화석에너지에 대한 투자가 큰 수익을 보장하는 한, 정부가 경제에 개입해 방향을 제시해야만 자유시장경제가 에너지 전환에 대처할 수 있다.

이 모든 문제는 오늘날 두 번째 글로벌 위기로 인해 더 복잡해졌다. 언제든 우리 경제와 사회를 뿌리째 뒤흔들어놓을지 모르는 그 위기는 바로 불평등이다.

50년 전 로마클럽(각국 지식인과 재계인사가 모여 환경 문제 대책을 논의하는 비영리단체-옮긴이)의 첫 번째 보고서 《성장의 한계》(갈라파고스, 2021. 요르겐 랜더스는 이 보고서의 공동 필자다)에서 분명히 경고했다. 유한한 지구에서는 무한한 물질적 성장이 불가능하다는 것이다. 우리가 지구의 한계를 인정하지 않는다면, 지구와 우리 자신을 모두 파괴하고 말 것이다. 그런데도 우리는 여러 방면으로 차츰 지구의 한계에 도달했다. 그뿐 아니라 불평등이 심화하면서 마찬가지로 우리를 파괴할 수 있는 사회적 한계 지점이 빠르게 가까워지고 있다는 사실 또한 점점 분명해지고 있다.

이 모든 문제를 해결할 대책이 하나라도 있다면! 게다가 이 해결책이 고통스럽지 않고 공정해서 우리 모두가 더 나은 삶을 누릴 수 있다면 얼마나 좋을까? 이 말이 순진한 바람처럼 들릴지 모르지만, 이 두 가지 위기를 동시에 해결하는 방안이 하나 있다. 초부유층에게 세금을 부과하는 것이다.

전 세계 부유층 중 극소수 사람들에게 세금을 조금만 더 거두어도 글로벌 에너지 전환에 필요한 자금을 조달할 수 있다. 그것을 이 책에서 설명하고자 한다.

이 책에서 우리는 다양한 세법 제정 방식을 대략적으로 제시하고, 이런 세법이 왜 경제에 결코 악영향을 미치지 않는지를 설명할 것이다. 위정자들이 이제까지 이런 조처를 취하지 않은 이유는 단지 많은 것을 잘못 이해한 탓이다.

공정한 과세로 우리 경제가 화석연료 의존성에서 벗어나는 데 필요한 부문에 막대한 투자를 할 수 있다. 사회적 긴장을 완화하는 데에도 도움이 될 것이다. 빈부격차가 커질수록 부유층이 유발한 기후위기로 인해 빈곤층이 떠안아야 할 피해가 불어나기 때문이다.

결국 독일뿐 아니라 전 세계 사람들이 스스로에게 이렇게 묻지 않을 수 없을 것이다. 누가 이 피해액을 지불해야 할까? 어떻게 지불해야 할까? 자산 상위 10%에 해당하는 부유층이 전 세계 탄소의 50%를 배출하고 있는데, 앞으로도 계속 세금 감면으로 대중이 이들의 짐을 가볍게 해주는 게 옳은가? 또는 탄소 배출량의 17%를 발생시키는 자산 상위 1%의 초부유층에게 계속 현재의 세금을 부과해도 괜찮은 길까? 이들의 탈세와 조세 도피를 대중은 계속 용인하면서 탄소 배출이 초래한 무시무시한 재난에 드는 비용을 부담해야 할까?

우리는 대중이 이제는 전과 다르게 행동하기를 바란다. 이 책을 통해 우리는 역동적으로 변화하는 세상에서 초고소득층에게 적합한 합리적인 과세 지침을 대중에게 알리고자 한다.

요르겐 랜더스·틸 켈러호프

1장
전 지구적 재난을 막아낼 수 있을까?

이 책을 쓰고 있는 2023년 여름 현재, 전 세계적으로 이제까지 본 적 없는 극단적 기상이변이 연달아 일어나고 있다. 미국에서는 이를 10억 달러짜리 날씨라고 부르는데, 이 기상재해로 인한 피해액이 10억 달러를 넘어섰기 때문이다. 사이클론 프레디가 말라위, 모잠비크, 마다가스카르, 짐바브웨에서 맹위를 떨쳐서 1천 명 이상의 사망자가 발생했고, 50만 명 이상의 사람이 삶의 터전을 잃었다. 거대한 산불이 캐나다를 집어삼켰고, 새카만 연기가 수천 킬로미터 멀리 떨어진 하늘까지 뒤덮었다. 아시아, 유럽, 미국에는 살인적 폭염이 압도했고, 브라질과 르완다에는 산사태가 일어나 인명 피해와 재산 피해가 발생했다.

이 밖에도 수도 없이 예를 들 수 있다. 이 모든 일을 통해 분명해지는 사실이 하나 있다. 전 세계 수십억의 인구가 겪는 상황이 갈수록 심각해지고 있다는 것이다. 우리의 생명과 가족과 집도 이제 더 이상 안전하지 않다는 사실을 점점 더 많은 사람이 깨달아야 한다. 새해가 되면 이제까지 경험하지 못한 새로운 재난이 닥쳐온다. 그리고 해마다 이 모든 재난이 석탄, 석유, 천연가스를 무절제하게 사용해서 생긴 지구온난화와 관련이 있다는 사실이 연구 결과를 통해 더욱 분명하게 드러난다.

그러는 사이에 각국 정부와 대기업은 '청정에너지 전환'이라는 거창한 계획을 약속했다. 그러나 처음부터 이룰 생각도 별로 없고 너무 먼 목표라서 아무튼 아무 결과를 가져오지 않을 목표를 설정하여 큰 의미가 없었다. 이들은 실제로 달성하지도 못할 목표를 제시한다. 야심 차게 달성할 수 있는 목표를 세울 때도 가장 중요한 걸림돌은 결국 항상 비용이다. 태양열 발전소를 건설하는 것보다 화석 에너지 자원을 태우는 것이 수익성이 높기 때문에 경제적인 면만을 볼 때 사람들이 화석연료를 더 이상 사용하지 않을 이유가 없으며, 기후를 파괴하는 행동에도 여전히 보조금이 지급된다면 친환경적 행동은 더 줄어들 수밖에 없다. 그래서 각국 정부의 개입이 필요하다. 국가 정책은 우선 비용이 든다. 하지만 투자를 해야 성과를 거둘 수 있고, 지구 환경을 보존하고 인류 복지를 증진하려면 투자가 불가피하다. 그런데 필요한 자금을 어디에서 조달할 수 있을까? 그리고 자금 확보를 위해 민주적 절차 아래 다수의 지지를 얻으려면 어떤 조치를 취해야 할까?

재정적 자원을 가장 많이 갖고 있는 사람들이 더 많은 책임을 져야 한다는 점은 불가피한 현실이다. 전 세계 환경 위기에 대하여 가장 큰 책임이 있는 사람들에게 적절하고 공정한 세금을 부과한다면, 청정에너지 전환에 따른 비용을 충당할 수 있다. 사회적 불안도 잠재울 수 있다.

불평등의 스냅샷

그동안 가장 부유한 사람들이 어마어마한 부를 축적해왔고, 이는 전 세계 많은 국가의 정치적 안정을 뒤흔들어놓았다. 그들의 부가 경제와 환경, 정치권력 측면에서 상당한 불평등을 가져왔기 때문이다.

전 세계를 강타한 코로나19 팬데믹이 수백만 명의 사람을 빈곤의 구렁텅이로 내몰았지만, 상위 10% 부유층의 재산은 두 배로 늘어났다. 오늘날 전 세계 인구 중 상위 10% 부유층이 세계 자산의 76%를 점유하고 있다.[1]

독일의 경우 보유 자산 기준 상위 10%에 속하는 인구가 전체 자산의 60%를 보유하고 있고, 최상위 1%가 약 30%를 보유하고 있다. 그런데 이 중 60%는 힘들게 일해 벌어들인 소득이 아니라 상속받은 자산이다. 약 500만 유로(75억 원)의 자산을 갖고 있는 사람이 바로 이 최상위 1%에 속한다.[2]

500만 유로가 얼마만큼인지 잘 와닿지 않을지도 모르겠다. 아마도 정규직 근로자의 월 평균 임금을 생각하면 이해하기 쉬울 것이다. 2021년 기준 독일의 세전 평균 월급은 약 4100유로(610만 원)였다. 이 평균 임금을 받는 사람이 돈을 한 푼도 쓰지 않는다고 가정해보자. 월세도 전기요금도 내지 않고, 교통비도 들지 않는다. 아이들에게 새 옷도 사주지 않고, 식비도 쓰지 않는다. 이렇게 돈을 저축해서 이자 수익을 고려하지 않은 채 10억 달러를 모으려면 2만 년 이상이 걸린다. 2023년 6월 기준 자산 규모가 약 2504억 달러에 달하는 일론 머스크만큼 부자가 되려면 400만 년 이상 식료품 같은 사치품은 포기해야 한다.

극심한 불평등의 가속화는 역사의 법칙이 아니다. 정치적 결정의 결과다. 대체로 불평등은 19세기 말 이후 줄어들었다. 이는 제1, 2차 세계대전과 대공황의 여파로 부자들의 자산이 줄어든 역사적 사건에서 비롯된 결과였지만 한편으론 정책적 목표이기도 했다. 이런 정책을 실현한 가장 중요한 조치는 누진세율 적용이었다. 제2차 세계대전이 끝난 후 많은 서양 국가들이 현대 복지국가로 발전했다. 이 나라들은 보건, 교육, 기회의 평등 방면에서 크게 발전했고, 이에 따라 부유해졌다. 이런 다방면의 발전은 복지국가의 높은 세율 및 세율 추가 인상과 관련이 있다.

그런데 이런 추세가 1980년대에 들어서면서부터 꺾였다. 서양에서는 신자유주의 경제정책을 추진하면서 세금을 감축하고 금융 분야의 규제를 완화했다. 그 결과 대부분 국가에서 자산과 소득 불평등이 급증했다. 이런 현상은 미국에서 특히 두드러졌다. 자산가의 재산은 눈덩이처럼 불어나는 반면 근로자의 소득은 계속 제자리걸음을 했다. 돈이 계속 돈을 불러와서 사회의 최고 부유층에 계속 부가 집중되었다. 그러는 사이 서민의 생계비는 상승하여 점점 더 많은 사람이 빚을 져야 했고, 뼈 빠지게 일해야 겨우 집을 얻어 입에 풀칠하고 병원비를 감당하며 아이들을 학교에 보낼 수 있었다. 여기에서 지금의 현실에 이르기까지 그리 오래 걸리지 않았다. 오늘날 전 세계 최고 부자 26명이 보유한 자산을 모두 합하면 전 세계 인구 중 자산 하위 50% 계층의 자산 총액과 비슷하다고 하는데, 매우 이상하게 들릴지 모르지만 엄연한 사실이다.[3]

이 모든 것은 기후변화와 무슨 관계가 있을까?

오늘날 급속도로 변화하는 세계를 이해하려면 극심한 불평등을 함께 이해해야 한다. 불평등은 부의 분배뿐 아니라 이 부가 환경에 미치는 영향에도 드리워 있다.

소득이 점점 더 높아지고 자산이 쌓여갈수록 더 많이 소비하고 더 많은 자원을 소모한다. 분명 부자들이 훨씬 큰 탄소발자국을 남긴다. 돈이 많은 사람들은 큰 집에서 살고, 큰 집을 유지하는 데는 많은 에너지가 소요된다. 그들은 많은 연료를 소모하는 큰 자동차를 몰고, 자주 세계 여행을 다닌다. 더 심각한 문제는 공해를 일으키는 산업에 그들이 돈을 투자한다는 사실이다.

전 세계 80억 인구 중에서 자산 상위 10%에 해당하는 8억 명이 배출하는 온실가스가 전체 온실가스 배출량의 50%에 육박한다. 이에 반해 자산 하위 50% 인구가 배출하는 온실가스는 기껏해야 12%밖에 되지 않는다.[4] 부의 사다리에서 더 높은 지점을 살펴보면 극단적 대비가 더 극명해진다. 대략 7700만 명 정도 되는 상위 1% 부유층의 온실가스 배출량은 거의 17%를 차지한다. 조금만 더 높이 올라가보자. 순자산 최상위 0.1%에 해당하는 770만 명은 전체 이산화탄소 배출량의 7% 이상을 배출한다. 이는 전 세계 평균의 70배가 되는 양이다. 사다리의 가장 꼭대기에 있는 최상위 0.01%, 즉 77만 명밖에 되지 않는 사람들이 배출하는 이산화탄소양은 전체 배출량의 거의 4%나 된다. 첨단 산업국가인 독일과 일본이 배출하는 이산화탄소량을 모두 합해도 이보다 많지 않다![5]

이제 이 정도는 놀랍지도 않다. 예를 들어, 2021년 7월 리처드 브랜슨과 제프 베이조스가 11분 동안 잠깐 우주를 여행했을 때, 약 300톤에 이르는 이산화탄소가 대기 중에 배출되었다. 승객 한 사람당 75톤의 이산화탄소를 배출한 셈이다. 이만큼의 이산화탄소는 자산 하위 계층 10억 명이 평생 배출하는 양이다.[6]

부의 피라미드 꼭대기에는 부 자체뿐 아니라 기후변화가 불러온 자연재해에 대한 책임도 집약되어 있다.

전 세계 이산화탄소 배출량

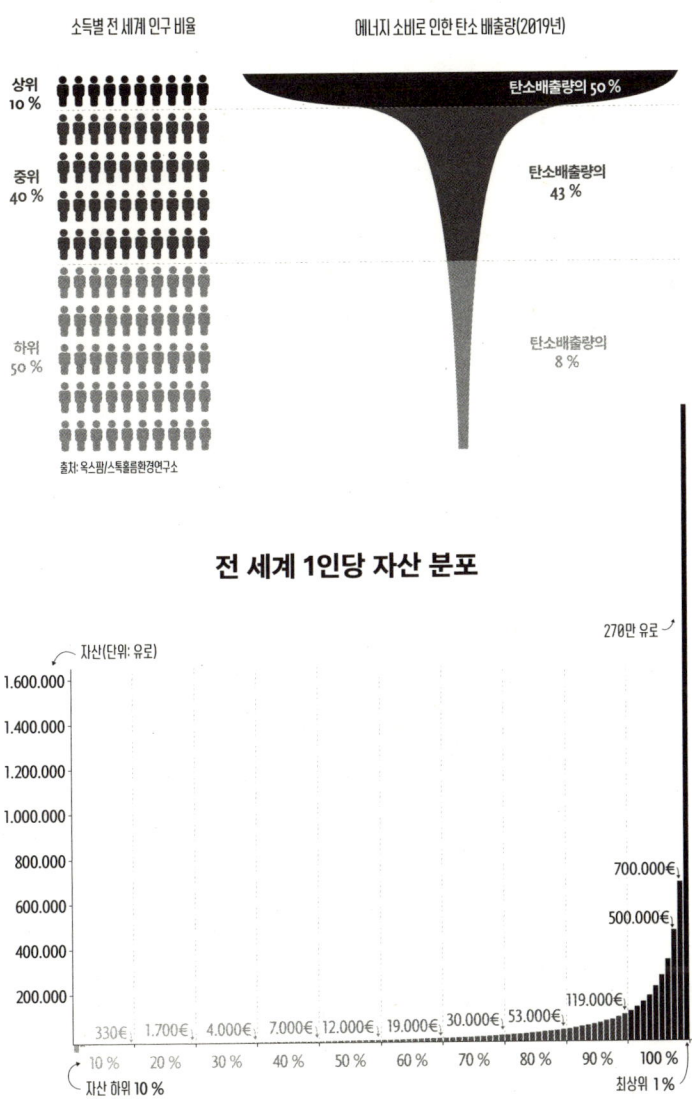

소득별 전 세계 인구 비율

에너지 소비로 인한 탄소 배출량(2019년)

상위
10 %

중위
40 %

하위
50 %

탄소배출량의 50 %

탄소배출량의
43 %

탄소배출량의
8 %

출처: 옥스팜/스톡홀름환경연구소

전 세계 1인당 자산 분포

270만 유로

자산(단위: 유로)

1.600.000

1.400.000

1.200.000

1.000.000

800.000

700.000€

600.000

500.000€

400.000

200.000

119.000€

330€ 1.700€ 4.000€ 7.000€ 12.000€ 19.000€ 30.000€ 53.000€

10 % 20 % 30 % 40 % 50 % 60 % 70 % 80 % 90 % 100 %

자산 하위 10 %

최상위 1 %

출처: 세계불평등연구소, "세계불평등보고서" 2022.

최고 부유층이 온실가스를 가장 많이 배출한 것뿐만이 아니다. 이들이 배출하는 이산화탄소량은 급속도로 증가하고 있다. 반면에 많은 서구권 국가의 저소득층과 중소득층이 배출하는 이산화탄소량은 심지어 감소하고 있다.[7] 우리는 지금 사치를 부리고 있다. 지구온난화를 2도 아래로 제한하겠다는 희망을 포기하고 싶지 않다면, 지금 남은 탄소예산(지구 평균기온을 특정 수준 이하로 유지하기 위해 인류가 배출할 수 있는 이산화탄소의 최대 허용량-옮긴이)을 이렇게 빨리 소비해선 안 된다. 오늘날 지구의 온도는 이미 산업화 이전보다 최소 1.1도가량 높아졌고, 이산화탄소 배출량은 점점 더 늘어나고 있다.

그러므로 인류의 발등에 떨어진 두 가지 위기, 즉 환경 위기와 사회 위기가 서로 긴밀하게 얽혀 있다는 사실은 분명하다. 하나의 위기를 극복하려면 반드시 다른 하나의 위기에도 맞서 대처해야 한다.

이는 결코 개별 소비자의 결정에 책임을 전가하려는 것이 아니다. 이런 극심한 불평등을 가능하게 하는 시스템을 근본적으로 개혁하자는 것이다.

불공정을 해결할 방안

부의 분배나 탄소 배출량의 불평등한 분포를 나타내는 백분율은 추상적 수치지만, 이 불평등이 가져오는 결과는 매우 구체적인 현실이다. 예를 들어, 지난 수십 년간 전체 경제는 꾸준히 성장했지만 많은 서구 국가에서 빈곤층과 중산층의 형편은 전혀 나아지지 않았다. 심지어 최저소득층 중 일부는 실질임금이 감소하는 상황을 참고 견딜 수밖에 없었다. 게다가 인플레이션이 저소득자의 사회적 입지를 더욱 좁아지게 만드는 데 한몫하고 있다.

전 세계 인구 중 상위 10%의 부자가 전 세계 소득의 52%를 점유하고 있는 반면, 하위 50%에 속하는 가난한 사람들은 고작 8.5%에 달하는 소득으로 만족해야 한다.[8] 우리 경제가 최상층에 부가 쌓이기에 유리한 시스템을 갖췄다는 현실은 씁쓸한 진실이다. 지난 수십 년간의 신자유주의 정책은 우리에게 '트리클 다운'(낙수효과)을 약속했지만, 오히려 우리가 경험한 것은 돈이 빈민층에서 부유층으로 옮아가는 '트리클 업' 효과였다. 위에서 파이 조각이 점점 커지는 동안 아래 있는 사람들은 세계 경제 성장에서 떨어진 파이 부스러기들을 두고 싸움을 벌인다.

이런 현상은 부유한 나라와 가난한 나라 사이에도 똑같이 벌어진다. 부자의 세금 부담을 덜어주는 세법이 한 원인이지만, 원인이 이것 하나만은 아니다. 사전분배와 재분배 역시 중요한 원인이다.

결국 부자가 되는 방법은 두 가지가 있다. 직접 돈을 버는 방법, 즉 일을 해서 수입을 얻는 방법과 간접적으로 부를 획득하는 방법, 즉 투자나 다른 자산을 통해 수익을 올리는 방법이다. 여기에 근본적인 문제, 즉 노동과 자본 사이의 수입 분배, 또는 근로자와 자본가 간의 수입 분배 문제가 반영된다. 국가 경제는 사람들이 직접 일을 하거나 '생산적인' 부문에 투자하는 것보다 비생산적인 투자와 부동산 같은 자산을 통해 더 많은 소득을 창출하는 방향으로 발전한다. 이와 같은 국가 경제의 '금융화'(금융 부문이 실물 부문에 비해 지나치게 비대해지는 현상-옮긴이)는 계속 진행되고 있다. 자산을 보유한 사람이 더 큰 자산에 투자하기 때문에 부는 자산가의 손안으로 모여든다. 그래서 투자할 수 있을 만큼 이미 충분한 자산을 갖고 있는 사람에게 부가 집중되는 현상이 벌어진다.

이런 추세는 특히 20세기 말부터 확인할 수 있다. 경제학자 브랑코 밀라노비치는 전체 소득에서 자본 소득이 차지하는 비중이 꾸준히 늘어나고 있다고 지적했다. 이는 노동에 비해 자본이 더 중요해져간다는 의미다. 또 자본가들의 경제적 정치적 권력이 더 커져간다는 의미도 된다. 이런 추세는 미국에서 가장 두드러지고, 다른 고소득 국가들에서도 대부분 마찬가지로 나타난다.[9]

예를 들어, 한 대도시에 있는 주상복합아파트를 상상해보자. 1층에는 상점이 줄지어 있고, 그 위층은 주거 공간으로 이용되고 있다. 이 상점을 운영하면서 위층에 살고 있는 사람들 중 일부는 상점과 아파트의 소유주지만, 다른 사람들은 임대료를 지불한다. 이제 투자자들이 주상복합아파트의 아파트와 상가 들을 사들이기 시작한다. 그러면 건물 가격이 상승한다. 가격이 오르면 결국 이 주상복합아파트의 상점이나 아파트를 매입할 여력이 있는 사람들 수가 점점 줄어든다. 그리고 이 부동산이 점점 더 높은 가격에 매매되는 과정에서 임대료와 관리비도 함께 상승한다. 그러면 결국 이 부동산의 소유권은 점점 더 적은 수의 사람들에게 집중된다. 이 사람들은 생산적인 일을 통해서가 아닌 임대료를 통해 재산을 증식한다. 그들은 임대료를 계속 인상한다.

본질적으로 이와 같은 시나리오가 금융 시장에서도 전개된다. 자본금을 활용해야 더 많은 자본 소득을 창출할 수 있다. 예를 들어, 땅이나 집을 임대하거나 돈을 빌려주거나 기타 등등의 방법이 있다. 이를 가리켜 어떤 사람들은 '지대자본주의'라고 하고, '봉건주의 2.0'이라고도 한다. 아무튼 대부분의 근로자는 여기에서 수익을 얻기 어렵다. 전체 소득에서 근로소득이 차지하는 비중은 점점 줄어들고, 근로자들의 경제적 불안은 커져만 간다.

이런 경향은 자본주의 경제에 본질적으로 내재되어 있는지 모른다. 하지만 그렇다고 이에 맞서 선제적으로 대응할 방법이 전혀 없는 것은 아니다. 세금 하나만으로 이 문제를 해결할 수는 없지만 다른 조치와 함께 과세를 한다면 확실히 경제 구조를 재편할 수 있다. 이는 5장에서 더 자세히 설명할 것이다. 우리에게는 투자 소득의 비중이 커지는 경제 동향을 돌이킬 수 있는 수단이 있다. 다만 그 수단을 충분히 효과적으로 이용하지 않을 뿐이다.

중산층과 빈곤층의 소득은 계속 줄어드는 반면 기후변화의 영향은 점점 심각해져 중산층과 빈곤층의 삶을 갈수록 위협하고 있다. 특히 그달 벌어 그달 먹고사는 사람들은 계속 변화하는 환경에 적응하기가 더욱 힘들다. 기후위기는 빈곤층에게 가장 큰 위협으로 다가온다. 기후위기로 인한 경제적 비용이 빈곤층의 생존을 어렵게 만들기 때문이다. 예를 들어, 소득에서 식료품에 지출해야 하는 비중이 크다면, 가뭄으로 인한 식료품 가격 상승이 생활에 큰 어려움을 가져온다. 저축액이 적을수록 홍수나 화재로 집에 발생한 피해를 복구하기가 더 어렵다. 돈이 없어서 병원에 못 가는 사람일수록 기후변화로 건강 문제가 생기면 더 힘들어진다. 이런 예는 끝없이 나열할 수 있다.

이런 불공정한 상황은 국가들을 비교할 때 더욱 두드러지게 드러난다. 고소득 국가들은 높은 댐, 자연재해에도 끄떡없는 안정적인 건축물, 다양한 재해 방지 대책 등 위기 상황에 대응할 수 있는 대비책을 갖추었다. 하지만 전 세계 국가들 대부분은 이런 시설에 투자할 자금이 충분하지 않다. 2022년 최악의 홍수가 파키스탄 전역을 덮쳐 대규모 침수가 일어났을 때 3300만 명이 피해를 보았고, 1700명 이상이 사망했다. 글로벌 사우스(남반구나 북반구의 저위도에 위치한 제3세계 개발도상국가-옮긴이)는 해결할 수 없는 딜레마에 점점 더 가까이 다가서고 있다. 기후변화에 적응하기 위한 투자를 할 것이냐, 기아 근절을 위해 힘쓸 것이냐. 아무도 이런 결정을 내릴 권한이 없고, 적어도 기후위기를 자초한 사람들은 절대 이런 결정에 관여해선 안 된다.

이제 지속가능한 경제 구조로 조정하고 경제 전환을 추진하는 것이 필수불가결하다. 여기에 지구와 인류의 안전과 풍요로운 미래가 달렸다. 하지만 이를 위해 얼마나 큰 비용이 소요될까?

사실 이는 잘못된 질문이다. 지속가능하고 건강한 세상을 만든다면, 우리가 저탄소 경제 전환에 투자해야 하는 금액보다 더 많은 돈이 절약되기 때문이다. 기후변화가 불러온 재난으로 전 세계에서 매년 수천억 달러의 비용이 소요되고, 이 비용은 계속 늘어나고 있다. 예를 들어, 파키스탄을 뒤덮은 수해는 인명 피해뿐 아니라 막대한 재산 피해도 가져왔다. 세계은행IBRD은 피해액이 300억 달러를 넘고, 피해 복구에 160억 달러가 필요할 것으로 추산한다.[10]

우리는 그냥 가만히 앉아서 보고만 있을 순 없다. 우리의 미래에 투자해야 한다.

우리 경제를 지속가능한 경제로 전환하려면 전 세계 총생산의 2-4%, 즉 연간 최대 4조 달러에 해당하는 투자가 필요하다.[11] 따라서 국민소득의 2-4%는 기존의 (소비성) 재화와 서비스 생산에 사용하기보다는 공공재와 공공 서비스를 생산하는 데 사용하여 지속가능한 경제 전환을 뒷받침해야 한다. 이 중에서 특히 재생 에너

지 분야에 주목해야 한다.[12]

여기에서 문제는 막대한 금액이 소요된다는 점이다. 하지만 부유층의 비과세 자산이 수조 달러에 달한다는 사실을 생각해보면, 분명 이 금액을 충당하는 일은 전혀 어렵지 않다. 예를 들어, 독일이 해마다 부유세로 징수하는 금액은 독일 국내총생산의 거의 1%에 이르는데, 이는 400억 유로 정도 된다. 독일이 프랑스나 영국, 미국처럼 높은 부유세율을 적용한다면, 해마다 1200억 유로에 이르는 추가 세수를 거둘 수 있다.[13][1]

하지만 높은 부유세를 부과한다면 부자들은 분명 격렬하게 반대할 것이다. 당연하다.

"제발 우리 세금을 올려주세요!"

큰 부자들이 무조건 세금에 반대할 거라는 건 잘못된 생각이다. 경제 엘리트 대다수는 사회경제적 역학을 정확하게 이해하고 있다. 이들은 자신을 부자로 만들어준 사회에 재투자하는 것이 얼마나 중요한지를 잘 알고 있다. '택스미나우'taxmenow나 '애국적인 백만장

---

1   부유세: 개인의 총자산이 일정 금액을 초과할 때 부과되는 세금. 2024년 6월 24일 한국무역협회 조사에 따르면, 대한민국 국민 71%가 부유세 도입에 찬성하는 것으로 나타났다.

자'Patriotic Millionaires 같은 단체들은 이런 입장을 분명하게 표명한다.

2023년 9월에 백만장자, 경제학자, 정치가 등 300여 명이 G20에 보내는 공개서한에 서명했다. 여기에는 다음과 같은 내용이 포함되었다.

> 이제까지 많은 연구가 이루어졌습니다. 전 세계 선도적인 경제학자들이 부유세 과세 방안을 다각적으로 제안했습니다. 일반 대중은 부유세를 찬성할 것입니다. 우리 모두 부유세 도입을 찬성합니다. 이제 남은 일은 이런 제안을 정책으로 실현하겠다는 정치적 결단뿐입니다. 지금은 이와 같은 의지를 발휘할 때입니다.

이 호소문에는 디즈니 가문 상속녀 아비게일 디즈니, 음악가 브라이언 이노, 투자운용사 블랙록의 임원 출신인 모리스 펄이 서명했다. 펄은 부유세 도입에 있어서 "우리 의견에 반대하는 부자들"이 반드시 문제가 되진 않을 것이라고 말했다. 왜냐하면 '그 부자들'도 그들의 부가 번영하는 사회를 바탕으로 이루어진다는 사실을 알고 있기 때문이다.[14]

하지만 물론 단순하게 생각해선 안 된다. 힘 있는 재력가는 높은 세금에 맞서 버티다가 세금을 피할 새로운 방법을 항상 찾아낼 것이다. 산맥의 계곡 사이를 지나는 강물이 항상 가장 낮은 곳을 찾아 흐르는 것과 같다. 따라서 이를 저지하려면 강력한 법 규정이 필요하다(4장 참조). 민주주의 사회에서 이런 법 규정을 제정하려면 대다수의 폭넓은 지지가 필요하다. 민주주의 자체를 보호하기 위해서도 마찬가지다.

계속 커져만 가는 불평등과 불안이 근본적으로 우리 사회의 양극화와 사회적 긴장을 가중시키고 있다. 전 세계적으로 포퓰리즘 바람이 부는 것도 이 때문이다. 포퓰리즘은 몰락할지 모른다는 사람들의 두려움을 이용한다. 독일에서는 독일대안당ᴬᶠᴰ 유권자 중 거의 50%가 자신의 경제 상황에 만족하지 않는다.[15] 극우 포퓰리즘 정당에 투표하는 사람들은 '서민'과 소위 엘리트라는 사람들 사이의 다툼에 참여하고 있는 줄로 착각하곤 한다.

지금 우리에게 닥친 격동의 시기에 미래를 걱정하는 건 너무나도 당연하다. 변화하는 사회에 적응하는 데 가장 큰 어려움을 겪는 사람들이 추락하지 않게 받쳐줄 수 있는 사회적 안전망이 반드시 필요하다. 그나마 공정하게 하자면, 이런 사회 체계에서 가장 큰 이득을 보고 가장 큰 부를 누리며 가장 많은 자원을 소비하는 사람들이 복지국가를 유지하는 데 드는 높은 비용을 지불해야 한다.

이들이 이 비용을 지불하지 않는다면 사회적 불만은 계속 커져 갈 것이다. 그리고 극우 포퓰리즘 바람이 거세지며 합리적인 정치적 담론이 발붙일 곳 없어질 것이 불 보듯 뻔하다. 이런 양극화된 정치 상황에서는 정부가 필요한 개혁을 착수하기 어려워신다. 극우 포퓰리즘 정당은 인간이 자초한 기후변화를 부정하는 논리를 피력하기 때문이다. 미국 공화당원의 17%만이 인간의 행동이 기후변화의 직접적 원인이라고 생각한다.[16] 그러니 도널드 트럼프가 대통령에 취임하자마자 파리기후변화협정에서 탈퇴할 것을 공식 선언했던 것이 전혀 놀랍지 않다.

지금 우리는 삶과 죽음의 갈림길에 서 있다. 불평등과 기후위기는 우리 사회의 근간을 위협하고 결국에는 지구에서 살아가는 우리 삶의 기반을 무너뜨릴 것이다. 우리 앞에는 불확실한 미래가 놓여 있다. 그래서 직관적으로 볼 때 과거에서 미래의 문제를 해결할 답을 찾을 수 없는 것 같다. 하지만 역사를 되짚어보면, 고소득에 매우 높은 세율을 적용한, 공정한 누진세를 부과하는 것이 당연했던 적이 있었다. 그리고 누진세와 함께 부가 공평하게 분배되었는데, 당시는 심지어 보수당이 정권을 잡고 있을 때였다. 하지만 이런 과세 제도를 폐지함으로써 부가 공평하게 분배된 복지국가가 도래하리란 희망은 씁쓸하게 무너졌다. 자유시장이 침몰하는 배를 모두 끌어 올리리라는 신자유주의의 약속은 공수표가 되고 말았다. 값비싼 요트만 끌어 올리고 노 젓는 배는 침몰시켰다.

수십 년간 적은 세금을 내고 규제를 덜 받으며 이익을 본 사람들이 이제는 결단을 내려야 한다. 자기가 내야 할 몫을 지불할 준비가 되었는가, 아니면 바리케이트를 치고 자기 재산을 지키겠는가? 밀어닥치는 폭풍우 앞에 놓인 이 순간, 그 어떤 높은 벽으로도 자기를 지켜낼 수는 없을 것이다.

이 책의 관점

책 중간중간에 잠시 쉬어가는 페이지를 마련하여 다음과 같은 본질적인 문제를 더 깊이 들여다보려고 한다. 기후와 불평등 위기를 극복하고, 다수 사회구성원의 복지를 증진하며 사회적 긴장을 완화하는 데 어떤 정책이 가장 적합할까?

국내총생산^{GDP}이 증가한다고 해서 바로 국민 복지 향상으로 이어지진 않는다. 오로지 GDP를 극대화하는 데 주력하다 보면, 경제 성장이 불러오는 부정적 영향―자연환경 훼손, 극심한 불평등, 사회적 긴장 고조―이 경제 성장의 혜택보다 커지기 시작하는 임계치를 넘어가버린다. 그래서 GDP 상승만으로는 의미 있는 정책인지를 가늠할 수 없다. 오히려 국민 복지를 증진하는 조치를 활용해야 한다. 이것이 GDP에 어떤 영향을 끼치든 아무 상관 없다.

2022년에 출간된 책 《모두를 위한 지구》(착한책가게, 2023)에서는 복지가 경제정책으로 말미암은 외부 요인에 따라 달라진다고 자세히 설명한다. 이 외부 요인들이란 실질 가처분소득, 불평등 정도, 자연환경의 상태 등이다.

우리는 복지의 발달이 사회적 긴장감에 큰 영향을 준다고 전제한다. 복지가 향상되는 상황에서는 사람들이 만족하고 긴장하지 않는다. 수십 년간 점차로 복지 혜택이 축소된다면, 사회적 긴장감은 증가하고 정부에 대한 신뢰도가 하락한다. 이는 사회적 양극화를 심화시키고, 넓은 의미에서 '반란'에 해당하는, 즉 열렬하게 극우 정당을 지지하는 결과로 이어질 수 있다.

오른쪽 그림은 국민 복지에 영향을 미치는 사회 요인과 환경 요인의 상관관계를 보여준다. 더 자세한 정보는 웹사이트 www.2052.com/tax_the_rich에서 찾아볼 수 있다.

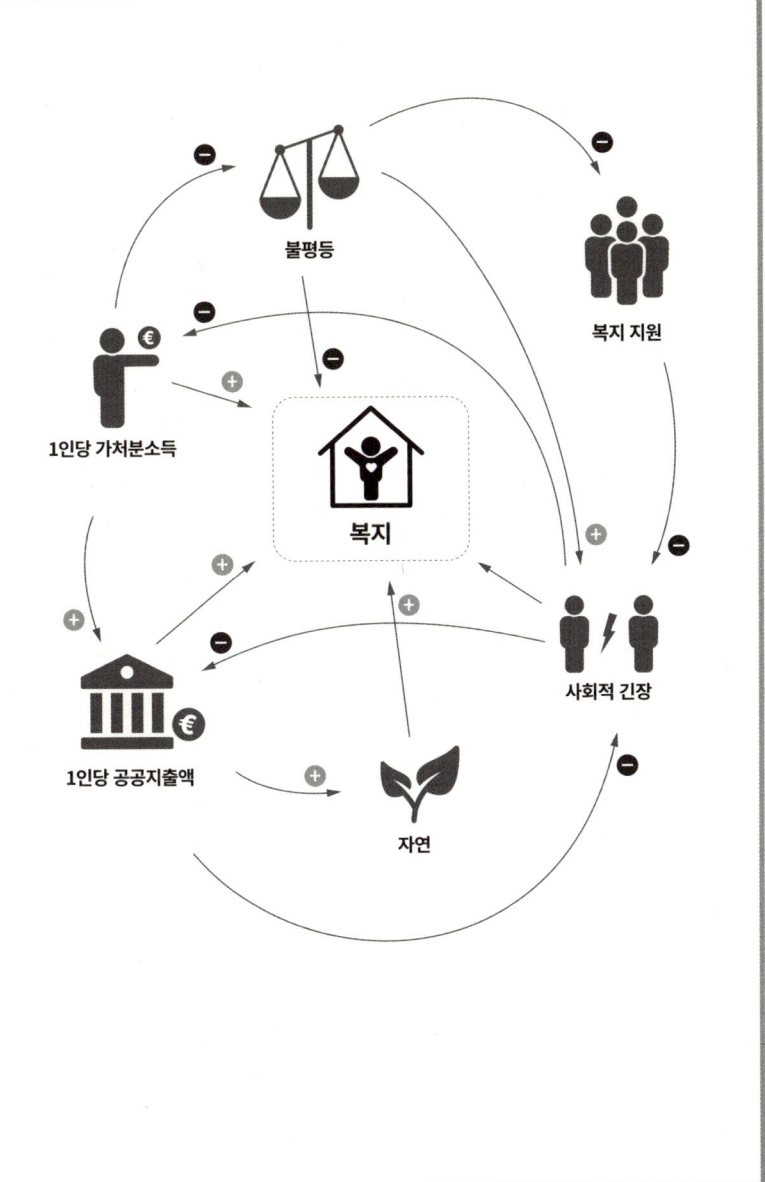

불평등

복지 지원

1인당 가처분소득

복지

1인당 공공지출액

자연

사회적 긴장

2장
자유시장으로는 왜 문제가
해결되지 않을까?

이 질문은 원래 이렇게 해야 맞다. '자유시장**만으로는** 왜 문제가 해결되지 않을까?' 실제로 시장은 자율적이었던 적도 없고, 인류 역사의 큰 줄기를 볼 때 시장이 자율적이길 기대한 적도 없기 때문이다.

시장은 예로부터 정부와 민간의 합동 프로젝트다.

실제로 초기 경제학에서는 시장의 핵심 목표인 "번영하는 사회에서 모두가 풍족한 삶과 일자리를 누리는 것"에 대한 합의가 가장 중요했다. 이를 케이트 레이워스가 '도넛 경제' 모델에서 요약했다. 케이트는 자유시장경제의 아버지라 불리는 애덤 스미스조차 정치의 개입 없이는 시장이 작동할 수 없다고 확신했다는 사실을 다시 떠올린다. 그리고 시장에는 사람이 "풍족한 소득을 올리거나 스스로 생계를 영위할 수 있는" 조건을 만들어주는 것 이상의 과업이 있다고 말한다. 시장은 국가와 공공 단체가 공공 서비스를 수행하는 데 필요한 세수를 거둘 수 있는 바탕도 마련해주어야 한

다고 애덤 스미스가 주장했음을 언급한다.[17]

이에 비추어볼 때, 시장에 대한 국가의 개입을 최소화해야 한다며 "사회 같은 것은 없다"고 말한 마거릿 대처의 말은 틀린 표현이다. "자유시장 같은 것은 없다"고 말했어야 옳았다. 시장은 항상 사회의 다른 여러 영역과 얽혀 있기 때문이다. 이 중에서 어떤 영역에 대처의 논리를 적용할지는 시장이 존재한 이래 끊임없이 새롭게 합의되고 있다. 예를 들어, 독일에서는 총기나 의약품이 그냥 시장에서 판매되도록 방관하지 않는다. 이런 부문은 각 주에서 매우 엄격하게 규제하기 때문에 앞으로도 시장에서는 제외될 것이다.

그래서 결국 모든 생산품과 서비스는 어떤 식으로든 규제나 감독을 받는다. 이는 상황에 따라 엄격해질 때도 있고 느슨해질 때도 있다. 시장경제를 열렬히 옹호하는 사람들도 아동노동금지 법안에는 선선히 동의한다. 상품과 서비스가 유통되는 개방형 시장도 당연히 근로자와 소비자의 권리를 보장하고 환경을 보호하는 많은 법률의 규제를 받는다. 여기에서 전 세계 경제의 공동 번영과 세계화를 가져올 것이라는 희망을 불어넣는 '국제 자유무역'이 예외일 수 없으며, 일반적으로 생각하는 것보다 더 엄격한 규제를 받는다.

예를 들어, 한국은 눈부신 성장을 거듭해 강력한 산업국가로 우뚝 섰다. 한반도 전역을 잿더미로 만든 한국전쟁이 끝나고 8년이 지난 1961년에 한국의 평균소득은 가나 평균소득의 반밖에 되지 못했다. 오늘날 한국의 경제 규모는 세계 12위로 올라섰고, 1인 당 국민소득은 열네 배가량 증가했다.

이러니 한국 사례는 자유시장경제의 장점을 보여주는 본보기로 자주 인용될 만하다. 한국과 역사를 같이 한 북한과 비교할 때 자유시장경제의 장점은 더욱 분명하게 드러난다. 국제적으로 고립된 북한은 기형적인 중앙집권적 계획경제 체제를 운영하여 국민들이 빈곤에 허덕이고 있지만, 한국에서는 국제무역을 통해 모든 사람이 자유와 번영을 누리고 있다.

하지만 사실은 개방형 시장과 자유화 덕분에 한국이 부자 나라가 된 것이 아니다. 한국의 경제적 번영은 강력한 시장 개입 정책의 결과다. 한국 정부는 경제에 적극적으로 개입하여 산업 기술 회사에 보조금을 지급하고, 수입품에 관세를 부과해 자국의 산업 전반을 국가 간 경쟁의 틈바구니에서 보호해주었다. 금융기관은 국가의 관리 감독을 받으며 국내 기업에는 낮은 금리로 대출해주는 한편 외국인 투자자에 대해서는 규제를 강화했다.

즉 한국은 자유무역 옹호자들이 하지 말라고 경고한, 바로 그 조치를 취했다. 대만, 싱가포르, 홍콩 같은 '신흥 공업국'이나 일본과 중국도 이와 다르지 않았다.

신흥 공업국이 선진국과의 경쟁에서 살아남으려면 자국 경제를 보호하는 것이 상당히 중요하다. 한국의 기술 산업이 처음에는 당연히 미국에 비해 형편없었으니, 국가의 보호가 없었다면 세계

시장에서 미국과 나란히 경쟁한다는 건 꿈도 꿀 수 없었을 것이다.

따라서 한국은 자유무역을 통해 부유해진 것이 아니다. 시장과 국가가 효율적으로 협력한 결과다. 그 점에 있어서 한국은 다른 선진국과 별 차이가 없다. 한국의 번영 역시 국가가 엄격하게 통제한 경제를 바탕으로 이루어졌고, 정부의 보조금과 보호주의가 있었기에 기업이 성장하고 발전할 수 있었다.

규제를 받지 않고 자율적으로 작동하는, 진정한 자유시장은 환상에 불과하다. 그러나 최근 수십 년 동안 정치적 이해관계와 경제적 이해관계 사이의 균형이 바뀌면서 경제와 기업, 특히 대기업이 어마어마한 비중을 갖게 되었다. 대기업의 권력이 계속 커지는 동안 노동조합과 근로자의 힘은 점점 약해졌다. 정부는 기업의 이익을 우선하는 입장을 취해 규제를 완화하고 규정을 철회했다. 자유시장 원리는 점점 더 많은 영역으로 확장되어 의료나 교육, 사회기반 시설 같은 공공재가 일부 민영화되기도 했다. 아무 제재를 받지 않는 시장으로 발전한다면 모두가 복지를 누릴 것이라는 믿음은 점점 굳어졌다.

안타깝게도 이 믿음은 틀렸다. 물론 부는 늘어났지만 돈은 주로 주주와 자본가, 즉 부유층의 주머니에 쌓였다.

그리고 오늘날 어떻게 되었는가? 우리는 수십 년 전에는 상상할 수 없었던 딜레마에 마주했다.

대다수 노동 인구와 극소수 슈퍼부자의 엄청난 빈부 격차 세계 인구 중 절반에 해당하는 가난한 사람들에게 부는 꿈에 불과하다. 반면 '트리클 업 효과'에 의해 물이 졸졸 흐르는 시내는 이내 급류로 변한다. 위로 올라갈수록 이 물결은 더 넓어진다. 이 거센 물결은 특히 주가와 부동산 가격 상승으로 더욱 세차게 흐른다. 세계에서 가장 부유한 열 명은 2020년 3월부터 2021년 11월 사이에만 재산이 두 배 이상 늘었다. 약 7천억 달러였던 재산이 1조 5천억 달러가 된 것이다. 자유시장이 이런 문제를 바로잡을 수 없으며, 이는 자유시장이 해야 할 일도 아니다. 이 문제를 해결해야 하는 주체는 민주적으로 선출된 정부다. 부를 분배하려는 모두의 노력은 이미 오래전부터 시도되었다. 그리고 이 시도는 앞으로도 계속될 것이다. 시장 원리는 윤리를 따르지 않는다. 그러나 윤리적인 의사 결정이 시장을 설계한다.

기업의 천연자원 착취로 황폐해진 자연환경 환경 파괴가 불러오는 경제적 비용은 기업의 대차대조표에 제대로 기재되지 않는다. 그 비용을 부담하는 것은 대중의 몫으로 남았다. 삶의 질 저하와 세금 납부로 그 비용을 치른다. 인류가 자초한 기후변화는 역사상 시장의 가장 큰 실패로 손꼽힐 것이다. 제품과 서비스의 가격은 사람이 임의로 정한 것일 뿐 실제 비용이 반영되어 있지 않다. 그 결과 생태계에 극적인 변화가 일어났다.

이런 뒤틀린 상황에 대중의 관심을 모으기 위해(그리고 추측건 대 기업의 이미지를 개선하고 이에 따라 시장에서의 지위를 강화할 목적 도 있었을 것이다), 독일의 할인마트 체인 페니Penny가 2023년 여름, 짧은 기간 동안 몇 가지 품목에 대하여 이 품목의 생산에 소요되 는 '진정한 비용'을 반영하는 가격을 제시했다. 농업 활동에 따른 메탄이나 이산화탄소 등의 온실가스 배출, 산업형 농업의 농경지 파괴, 농약과 비료 사용으로 인한 지하수 오염에 드는 비용을 감 안한 가격이었다. 이에 따라 300그램짜리 마스담치즈 한 팩 가격 이 2.49유로에서 4.84유로로 94%가량 올랐다. 3.19유로였던 소시 지에는 6.01유로, 89센트였던 모차렐라 치즈 한 팩에는 1.55유로, 1.19유로였던 과일 요구르트에는 1.56유로의 가격표가 붙었다.[18]

인류의 생존을 위협하는 기후위기 기후위기와 같은 이런 극적 상황 도 정부나 기업이 모두 아무런 조치를 취하지 않으려 해서 빚어진 결과다. 석유 산업계는 1970년대 이래 화석 에너지 자원을 연소하 면 환경이 파괴되리라는 사실을 이미 알고 있었다. 이 사실을 알고 도 기업은 아무 조치도 취하지 않았고, 정부는 기업에게 아무것도 강제하지 않았다. 그래서 기업들은 지속가능한 사업 모델 개발은 뒷전으로 밀어둔 채 기후변화에 대한 거짓말을 퍼뜨리고 기후변 화의 주범에 대한 의혹의 씨앗을 뿌리며 시간을 보냈다.

예를 들어, 미국 최대 정유회사 엑손 모빌Exxon은 1970년대와

1980년대에 이미 기후변화를 놀라울 만큼 정확하게 예측했다. 엑손의 자체 연구는 권위 있는 과학 저널 〈사이언스〉가 인정할 만큼 "지구온난화를 과학적으로 정밀하게 예측"했지만, 엑손은 기후변화를 부인했다.[19] 그 결과 미국 석유 회사들은 미국에서 대중을 기만한 혐의로 20여 건의 소송에 대응하고 그 사기 행위로 인한 피해에 책임을 져야 한다.

그러므로 역사상 인류 전체가 해결해야 할 가장 큰 과제를 정부와 대기업 손에 맡겨두는 것은 좋은 생각이 아닌 것 같다. 석유 회사가 관심을 갖는 건 대차대조표지 대중의 복지가 아니다. 석유 회사는 무자비하고 태만한 데다 매우 강한 권력을 갖고 있다. 따라서 **빅오일**Big Oil(세계 상위 6개 석유 회사-옮긴이)과 함께 에너지 전환을 추진할 것이 아니라, **빅오일**에 맞서 에너지 전환을 가속화해야 할 것이다. 우리는 대체 에너지 시스템을 구축해서 현재의 에너지 시스템이 결국 무너질 수 있게 해야 한다. 이 시스템 구축에 필요한 것이 국가와 정부다.

우리는 갈림길에 서 있다. 한쪽으로는 현실에 부딪혀 실패한 신자유주의의 도그마에서 등을 돌리려는 움직임이 보인다. 다시 국가의 시장 개입이 늘어나고 있다. 지속가능한 투자와 사업모델에 막대한 보조금을 지급하는 미국의 **인플레이션 감축법**Inflation Reduction이 가장 좋은 예다. 자유무역을 통해 자유로운 사회가 조성되고 여러 국가가 평화롭게 공존하리라고 오래전부터 믿어왔지만, 지정학적 긴장이 고조되는 가운데 그런 믿음은 환상에 불과했음이 사실로 드러났다. 이와 더불어 러시아의 우크라이나 침공으로 너무나도 분명하게 알게 되었다시피, 화석연료를 얻기 위해 외국에 지불하는 비용도 안보 정치와 관련이 있다. 우리의 지불 목록에 러시아의 석유와 천연가스가 포함되어 있으므로, 러시아는 우리 돈으로 탱크와 순항미사일을 운행한 것이다.

경제학자들은 경제학이 이와 같은 경제 활동의 간접적 측면을 너무 오랫동안 도외시했음을 서서히 깨닫고 있다. 노벨 경제학상 수상자 앵거스 디턴이 말했듯, 이제까지 경제학은 "효율성만을 중시하고 평등과 분배에는 관심을 기울이지 않았다."[20]

그러나 다른 한쪽으로는 국가의 경제 개입을 단호히 거부하고, 시장에 초자연적 힘이 깃들었다고 믿으며, 가장 급진적 형태의 '레이거노믹스'(로널드 레이건의 경제정책-옮긴이)를 설파하는 자유주의 운동이 성장하고 있다. 하비에르 밀레이가 아르헨티나 대통령으로 당선될 수 있었던 건 이런 자유주의 아젠다를 설정한 덕분이었다. 그는 총기 소지 합법화, 장기 매매 합법화 등 과격한 경제 자유방임 정책을 공약으로 내세웠다.

이런 이유로 기업이 에너지 전환을 자발적으로 추진할 것이라는 믿음, 탄소가격제가 온실가스 배출량을 효과적으로 감소시킬 것이라는 믿음, 국가 개입이 없어야 혁신이 가장 잘 이루어지리란

2045년까지 독일이 기후 중립을 실현하려면 무엇이 필요할까?

독일은 2045년까지 기후 중립 실현을 목표로 하고 있다. 이 목표를 달성하려면 에너지 공급, 운송 수단, 산업 등 경제 전 분야에서 석탄, 석유, 가스의 사용량을 줄여야 한다. 이는 화석연료에 의존하던 에너지 발전을 모두 태양광과 풍력 등의 재생 에너지로 전환한다는 뜻이다. 휘발유와 디젤 엔진 자동차 수는 줄이고 전기차와 수소차로 대체하며, 기존의 모든 화석연료 보일러를 재생 에너지나 수소연료 청정에너지를 사용하는 히트 펌프 보일러로 대체하거나 기타 기후 중립적 대안을 강구해야 한다.

에너지 전환으로의 움직임은 지난 20년간 몇 걸음 앞으로 나아갔다. 그사이 독일은 연간 전력 소비량의 40% 이상을 재생 에너지로 충당하게 되었다. 특히 전력 생산 분야에서 화석연료 사용이 감소했다. 하지만 여전히 2020년에도 연간 6800만 석유환산톤Ton of oil equivalent, TOE[2]이 전력 생산에 사용되었고, 이보다 훨씬 많은 양인 연간 2억 석유환산톤의 에너지가 운송과 난방, 산업 생산에 소비되었다. 독일이 정말로 화석연료를 전혀 사용하지 않으려면, 친환경 전기 에너지로 모든 에너지를 대체해야 한다. 이 목표를 2045년까지 달성하려면, 에너지 전환 추진에 훨씬 더 박차를 가해야 한다.

---

2 모든 에너지에 공통으로 적용할 수 있는 에너지 단위. 석유 1미터톤을 연소할 때 발생하는 에너지로, 석유 1톤의 발열량 10Kcal를 1TOE로 정의한다.

에너지 소비 총량
연간 석유 환산량

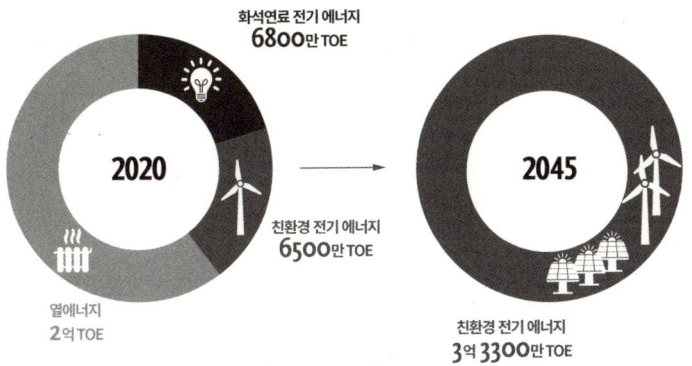

화석연료 전기 에너지
6800만 TOE

2020

친환경 전기 에너지
6500만 TOE

열에너지
2억 TOE

2045

친환경 전기 에너지
3억 **3300**만 TOE

출처: 요르겐 랜더스, 2024

온실가스 배출량
연간 이산화탄소 환산량

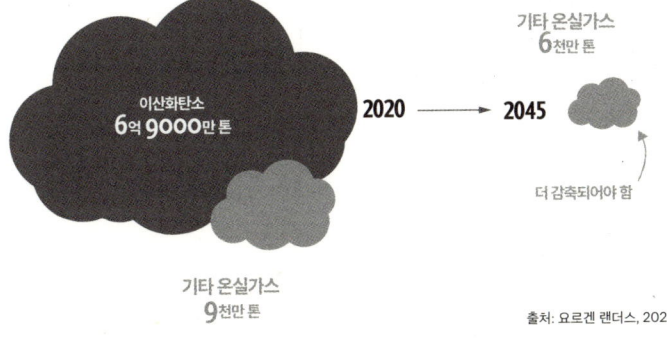

이산화탄소
6억 **9000**만 톤

기타 온실가스
6천만 톤

2020

2045

더 감축되어야 함

기타 온실가스
9천만 톤

출처: 요르겐 랜더스, 2024

믿음, 세금을 많이 부과하면 필요한 투자를 하지 못할 것이란 믿음, 책임 있는 자본주의가 모두의 삶의 질을 향상시켜주리란 믿음 등 시장의 무오류성에 대한 종교적 믿음에 맞선 대응책을 마련하는 것이 더욱 중요해졌다.

첫 번째 진실: 기업은 자발적으로 에너지 전환을 추진하지 않는다

　기업들이 자발적으로 에너지 전환에 동참하겠다고 결심하기를 기다리다간 너무 오래 걸릴지 모른다. 이제까지도 오래 기다렸다. 그래서 지금 우리 앞에 놓인 상황은 참담하다. 사람들은 집을 잃거나 심지어 목숨을 잃고, 기후 난민은 살 곳을 찾아 이주에 이주를 거듭하며, 생태계는 파괴되었다. 간단히 말해서 우리 사회의 존립을 위태롭게 하는 위기가 언제 밀어닥칠지 모르는 불안에 온 세상이 떨고 있는 현실이 우리의 현주소다.

　그런데도 우리는 이전에 들었던 말들을 여전히 듣고 있다. 시장을 신뢰해야 한다는 둥, 시장이 충분한 양의 재생 에너지를 전혀 늦지 않게 공급하는 방법을 이미 마련하고 있다는 둥, 재생 에너지 보급 확대에 걸림돌이 되는 것은 무엇보다도 국가의 관료조직이라는 둥, 시장의 역동성과 가격 신호가 정부 주도 프로그램보다 자본을 재생 에너지에 투자하게 하는 데 훨씬 효율적이라는 등.

여기에서 맞는 말은 하나도 없다. 투자자 관점에서 재생 에너지는 그다지 수익성이 없다는 단순한 이유 때문이다. 아무튼 수익성 면에서는 화석연료 에너지가 재생 에너지보다 더 좋다. 사실 재생 에너지에 투자가 늘어나고 있고 재생 에너지 공급 확대에 드는 비용도 줄어들고 있지만, 우리의 기후 목표를 실제로 달성하기에는 턱없이 부족하다.

에너지 기업뿐 아니라 정치계와 언론계의 성명에 따르면, 청정 에너지로의 전환이 빠르게 추진되고 있는 것 같다. 기업은 온실가스 배출을 줄이고 친환경 에너지기술 개발에 노력하고 있음을 광고한다. 그러나 한편으론 석유와 가스 생산을 계속 늘리려고 애쓰고 있어서 그 진정성이 의심된다. 국제에너지기구IEA에 따르면, 석유·가스 유전 회사들은 2023년에만 새로운 유전을 개발하고 원유를 생산하는 데 5천억 달러 이상을 지출했다. 그리고 회사의 배당금은 더 높아져서 주주들은 기록적인 수익을 올릴 것이다.[21]

이는 단순히 회사 경영진의 부도덕성에서 비롯된 문제가 아니다. 문제는 시스템에 있다. 시장 중심 경제 체제에서는 투자수익에 대한 기대가 가장 중요한 요소다. 투자자가 태양광 패널에 자기 자본을 투입할 때는 경제적 이득을 얻으리라고 예측하는 경우에 한한다. 사회 문제와 환경 문제를 해결할 수 있는 친환경 에너지 솔루션이 채산성이 없다면, 또는 '도덕적이지 않은' 다른 에너지보다 수익이 적다면, 시장은 친환경 에너지 전환 사업에 전혀 관심을 보이지 않을 것이다.

여기에서 다음과 같은 결론에 이른다. 원래는 외면하고 싶은 에너지 전환 사업을 지원하도록 시스템을 바꾸어야 한다. 다른 사업보다 수익이 적은 사업에 투자하게 해야 한다! 이것을 실제 상황에서 어떻게 실현할 수 있을까?

우선 두 가지 목표가 상충하는 문제가 있다. 수익 증대를 목표로 할 것인가, 에너지 전환의 가속화를 목표로 할 것인가. 녹색 에너지 전환에 큰 비용이 드는데, 수익을 우선하는 시장이 원하는 속도 이상으로 사업 추진을 가속하기로 사회적 합의를 이룬다면, 비용은 더 증가하고 효율성과 실질소득은 감소할 것이다. 하지만 생태계 변화가 가속화되어 자연 파괴가 줄어들고 많은 사람이 더 나은 삶을 누릴 수 있을 것이다.

우리가 하고자 하는 일의 방식에 어떤 식으로든 근본적인 변화가 일어날 것이다. 모두가 똘똘 뭉쳐 의식을 갖고 행동할 수도 있고, 힘든 상황이 압박을 가해올 수도 있다. 우리의 경제 운용 방식은 지구 공동체를 위험 한계선까지 밀어붙이고 있고, 일부는 이미 선을 넘어섰다. 그 결과는 이미 눈앞에 펼쳐졌다. 기후가 변화하고, 생물다양성이 감소하며, 자원이 부족해져 가격이 상승하고, 토양의 비옥도는 저하되었으며, 지표는 침식하고, 나이 많은 나무가 있는 토지 면적은 줄어들었다. 죽은 지구 위에서는 아무것도 자라지 않는다.

당연히 적극적으로 적응하는 것이 더 나은 방책일 것이다. 경제에서 더 나은 방책은 무엇일까?

자원이 부족해지면 기존 원료 가격이 상승한다. 자원이 고갈되면 더 비싸진다. 대체 자원을 개발하는 것이 한 가지 해결책이 될 수 있지만, 막대한 투자가 필요해서 가격 상승으로 이어지는 건 마찬가지다. 기후위기로 인해 에너지 전환이 불가피하다면, 값싼 화석연료 대신 값비싼 저탄소 에너지원을 사용해야 한다. 새로운 에너지 시스템 건설에 필요한 사회 기반 시설을 구축하는 일도 포함되어 있다. 그러면 우선 킬로와트시당 전기요금이 인상된다.

비옥한 땅이 부족해지면, 집약적 농업에서 재생 농업으로 농업의 패러다임을 전환해야 한다. 그러면 적어도 전환의 초기 단계에는 식료품 가격이 인상될 것이다.

결과적으로 친환경 솔루션은 기존 자원보다 우선 비싸다(물론 환경 비용과 사회적 비용을 자원의 가격에 포함하지 않은 경우다). 이는 경제가 적어도 부분적으로는 값싸고 효율적인 기존 생산품을 비싸고 비효율적이며 친환경적인 생산품으로 대체해야 한다는 뜻이다. 예를 들어, 내연 기관 자동차를 전기 모터 자동차로 바꾸고, 가스 화력발전소는 태양광발전소로 바꿔야 한다.

따라서 투자자 입장에서 보면, 지속가능한 에너지 전환은 수익을 감소시킨다. 이러한데 그들이 어떻게 에너지 전환에 돈을 대겠는가? 이것이 자유시장에서 에너지 전환을 빠르게 달성할 수 없는 이유다. 에너지 전환을 적절한 시일 내에 성공적으로 이루려면 보조금, 세금, 금지 조치, 규제가 필요하다. 달리 표현하면, 적극적 의지를 가진 정부, 단기간의 이익에서 고개를 돌리고 미래를 책임지겠다는 배짱을 가진 정부, 무엇보다도 지속가능한 솔루션을 지원할 수 있는 자금을 가진 정부가 필요하다.

두 번째 진실: 탄소세를 올리는 것이 해법은 아니다

우리가 아주 비싼 것은 더 많이 갖고 싶어 하고 아주 싼 것은 별로 갖고 싶어 하지 않는다면, 아주 싼 대체품의 가격을 올리면 가격이 쉽게 조정되지 않을까? 전문 용어를 빌어 표현하면, 외부비용을 그냥 가격에 포함하면 되지 않을까?

앞서 우리는 제품이나 서비스의 외부효과가 수요와 공급 가격 책정 시스템에 아직 고려되지 않은 비용을 수반함을 보았다. 예를 들어, 화석연료를 연소하면 사람들에게 호흡기 질환을 일으키고 사망에도 이르게 할 뿐 아니라 대기 오염과 그에 따른 기후변화라는 부정적 외부효과를 불러온다. 건강 피해와 환경 파괴 비용을 휘발유와 경유 가격에 현실적으로 반영하면, 아무도 내연 기관 자동차를 사려고 하지 않을 것이고 살 수도 없을 것이다. 많은 사람이 국가가 개입해 가격을 조정하는 조치에 특별히 비판적 입장을 보이지만, 몇몇 경제학자들은 이산화탄소 배출량에 세금을 부과하는 제도가 환경 보호에 효과적인 방법일 수 있다고 확신하기에 이르렀다. 기업이 배출하는 이산화탄소량에 비싼 값을 매기면, 그 나머지 일은 에너지 시장이 알아서 해결할 것이라는 생각이다.

얼핏 보면 이 생각이 딱 들어맞는 멋진 해결책처럼 보인다. 시장 메커니즘을 제약하지 않으면서 경제 시스템이 가진 문제를 해결할 수 있을 것 같다. 그러니 '탄소가격제'를 도입하자는 목소리가 전 세계에서 커지는 것이 전혀 놀랍지 않다. 자연과학자, 경제학자, 재계 지도자 들은 탈탄소 경제로 전환하는 데 가장 효율적이고 비용면에서 효과적인 방법은 탄소가격제라고 칭찬한다.

직접적인 탄소가격제의 대표 유형으로 탄소세와 배출권거래제가 있다. 배출권거래제는 정부가 사업장에 배출권을 할당하고 사업장은 그 한도 내에서 온실가스를 배출할 수 있는 제도다. 기준할당량보다 적은 온실가스를 배출했다면, 사업장은 사용하지 않은 배출권을 다른 기업에 팔 수 있다. 이를 통해 배출량을 초과한 기업은 부족분을 충당할 수 있다. 정부가 배출 허용량을 감축해 나간다면 탄소 배출 총량을 점차 줄일 수 있을 것이다. 여기까지의 설명은 이론이다. 안타깝게도 현실에서는 이 방법이 충분한 효과를 발휘하지 못하고 있다.

배출권거래제가 도입된 곳을 살펴보면, 연간 할당된 배출 허용량이 일반적으로 실제 오염물질 발생량을 초과한다. 2020년 전 세계 온실가스 배출량의 약 20%만 탄소가격제의 영향을 받았다. 그리고 파리기후변화협약에서 제시된 목표를 달성할 만큼의 높은 가격이 단 1%에도 매겨지지 않았다.[22]

반면에 탄소세는 휘발유나 천연가스, 난방유에 직접 부과된다. 독일의 경우 2024년 이래로 톤당 45유로가 부과된다. 이는 화석에너지를 시장에서 빠르게 밀어내기에는 턱없이 부족한 금액이다.

이제까지의 이야기는 모두 맞다. 탄소가격제가 시행된 지 아직 얼마 되지 않아서 앞으로 가격이 오를 테지만, 탄소가격제가 기후위기를 근본적으로 해결할 것이라는 너무 큰 기대를 해선 안 된다. 우선 탄소가격제에는 역진세라는 문제가 생긴다. 소득이 낮은 사람들이 지나치게 많이 부담하게 되는 것이다. 그들은 일상용품의 가격이 오르면 부자들보다 그 차이를 더 크게 느낀다. 한편으론 탄소가격제가 정말로 영구적으로 자리 잡을 것이란 확신이 들지 않는다. 정치인들이 '국민의 짐을 덜어주겠다'라는 기치를 내세우면, 물가가 매일 눈에 띄게 오르자마자 탄소가격제는 제일 먼저 폐지될 위험에 처할 것이기 때문이다.

그리고 이런 상황은 불가피할 것이다. 유럽의 운송 및 건물 난방에서 배출되는 탄소에 책정된 가격은 현재 가격보다 4-6배 정도 높아야 탄소 배출에 따른 손실비용을 실제로 상쇄할 수 있다. 그러면 리터당 경유 가격이 최대 80센트까지 오를 것이다. 그렇다면 자동차의 나라인 독일에서 경유 가격을 낮추겠다는 공약이 선거 캠페인에서 가장 중요한 역할을 하게 될 것은 불 보듯 뻔한 일이다.

분명 우리에게는 더 나은 아이디어가 필요하다. 3장에서 설명하겠지만 예를 들어, 기후배당금을 충당할 수 있는 공정한 탄소 가격을 찾아야 한다. 사회적으로 공정한 탄소 가격이 실제로 에너지 전환의 토대가 될 수 있지만 추가적인 보조금이 또 들어갈 수밖에 없다. 시장만으로는 이 문제를 극복하지 못한다.

그래서 미국은 인플레이션 감축 법안을 통과시키며 다른 길을 택했다. 바로 탄소 가격은 계속 낮추는 대신 친환경 에너지 생산에 막대한 보조금을 지급하는 것이다. 이런 인플레이션 감축법의 파격 혜택을 제공하며 미국은 대서양 너머 유럽 기업들의 생산 시설을 자국으로 끌어들이고 있다. 미국은 지속가능한 대체 에너지 개발에 상당한 자금을 투자하며, 이를 통해 장래성 있는 산업을 둘러싼 글로벌 경쟁에서 입지를 강화하고 있다. 미국은 이제 전 세계적으로 필요한 국가의 시장 개입을 드디어 감행하기 시작했다.

세 번째 진실: 혁신은 정부의 지원으로 이루어지곤 한다

앞으로 시장에서 펼쳐질 변화를 민감하게 인식하고 혹시 생길지 모를 리스크를 감수하며 대담한 결단력으로 이제까지 생각지 못했던 기발하고 혁신적인 상품과 기술을 세상에 선보이는 민첩한 기업가. 혁신이나 창조적 파괴가 어떻게 일어나는지를 상상할 때 우리는 흔히 이런 기업가를 떠올린다.

그러나 실제로는 혁신의 과정이 대체로 전혀 극적이지 않다. 우리 시대의 가장 주목할 만한 발전 중 몇 가지는 국가 보조금이 있었기에 가능했다. 모빌리티, 우주 비행, 통신, 제약, 인공지능 분야의 비약적 발전은 정부의 자금 지원을 받은 연구의 결과다.

이와 같은 의미로 이탈리아 경제학자 마리아나 마추카토는 기술 발전의 촉매로서 정부 투자가 핵심 역할을 한다고 강조한다. 전기자동차와 충전 인프라는 전 세계적으로 정부의 막대한 지원을 바탕으로 개발 중이다. 인터넷이나 스마트폰의 많은 핵심 기술도 원래 미국 국방고등연구기획청DARPA과 유럽원자핵공동연구소CERN 같은 정부 출연 연구기관의 지원으로 개발되었다.

근래 역사상 위대한 정부 주도 프로젝트 중 하나가 달 착륙 프로젝트다. 소비에트연방이 스푸트니크 1호 발사에 성공하자 충격을 받은 미국은 수십억 달러를 우주과학 분야에 쏟아부었다. 소비에트연방과의 경쟁에서 이겨 선두 자리를 탈환하고 달에 사람이 첫발을 내딛는 모습을 생중계하며 서구 과학기술의 우수성을 입증해 보이고자 했다. 1960년부터 1973년까지 필요한 기술과 인프라 개발 비용으로 총 250억 달러 정도 소요되었다. 이 금액은 인플레이션을 고려하면 오늘날 약 1640억 달러에 해당한다. 이런 투자는 과학기술 개발 측면에서만 이득을 본 것이 아니다. 최대 40만 명에게 일자리가 생기는 효과도 있었다. 그러므로 이 역사적 사건은 한 사회가 무언가를 이루어보겠다고 결심하면 어마어마한 집단적 성공을 거둘 수 있다는 사실을 보여준다.

혁신이 정부 주도로 이루어지는 건 예외적인 일이 아니라 상례다. 우리의 에너지 시스템을 빠르고 포괄적으로 전환하려면 모두 함께 단호한 행동을 취해야 하고, 그러기 위해서는 정부가 이끌고 나가지 않으면 안 된다.

미국 바이든 행정부가 이런 행동에 발 벗고 나섰다는 사실은 이미 알려져 있다. 그리고 유럽에서도 각국이 에너지 전환에 대한 책임 의식을 갖고 있다. 예를 들어, 노르웨이는 전기차를 구입할 때 막대한 보조금을 지급하여 국민들이 거의 전기차만 구매할 정도다. 노르웨이의 보조금이 없었다면 어쩌면 테슬라가 그렇게 성공하지 못했을 수도 있다. 아무튼 이 사례를 통해 알 수 있는 건, 보조금이 약간의 변화를 가져올 수 있지만, 당연히 값을 치르게 된다는 사실이다. 예를 들어, 노르웨이의 경우 수입 전기차에 대한 관세를 인하해 자동차 한 대당 약 2만 달러의 비용이 발생했다.

중국도 재생 에너지 확대와 전기차 대중화에 막대한 보조금을 지급하여 성공했다. 원래 2030년까지 재생 에너지 발전 용량을 1200기가와트까지 늘린다는 계획을 세웠으나, 이 목표를 2025년에 달성할 것으로 전망된다. 지난 2년 동안 중국은 태양광 에너지 확대에 새로운 기록을 세웠고, 이런 추세는 앞으로도 끊임없이 이 이질 것이다.

이런 식의 보조금 지급이 독일에도 필요하다. 재생 에너지 사업을 필요한 만큼 확장하려면 숨 가쁘게 달려야 한다. 2030년까지 새로운 풍력 발전용 터빈을 매일 대여섯 개씩 설치해야 하고, 태양광 패널은 축구장 43개 이상의 면적을 덮을 수 있을 만큼의 양을 설치해야 한다.[23] 게다가 이것이 다가 아니다. 우리가 햇빛이 밝게 비추고 바람이 잘 불 때만 에너지를 사용하는 것이 아니기 때문에, 상당히 큰 용량의 저장 장치가 필요하다. 기업이 이런 인프라 구축에 성공하려면 조건이 있다. 기업의 투자가 성공하도록 국가에서 충분히 지원해주거나, 아니면 국가가 직접 투자하는 것이다. 그리고 이런 보조금을 지급해서 거둬진 수익이 올바르게 분배된다면 어떤 일이 일어날지 아무도 장담할 수 없다. 어쩌면 다시는 전기차 제조업자와 같은 자유주의적이고 자기애 강한 억만장자가 나타나지 않을지 모른다. 오히려 사회 발전에 다수가 참여하게 될 수도 있다.

네 번째 진실: 부유세는 경제 발전을 저해하지 않는다

또 하나 잘못 알려진 사실이 있다. 기업이나 소수 부유층에 높

60

은 세금을 부과하면 투자 의지가 꺾이거나 투자 여력이 줄어들고, 이는 다시 경제 성장을 저해하고 일자리 감소로 이어질 것이라는 생각이다. 그러나 그렇지 않다. 이런 생각의 근저에는 세금을 내지 않아서 돈이 많아지면 더 나은 기계와 새로운 건물을 구입하고, 연구를 지원하고, 생산성을 높이는 여러 가지 것들에 투자할 것이라는 가정이 자리하고 있다. 존 메이너드 케인스는 이런 가정이 일반화되어 있기 때문에 자본주의가 번성해도 이렇다 할 자산을 모을 수 없는 사람들이 반란을 일으키지 않는 것이라고 보았다. 그는 "부자들이 새롭게 획득한 자산을 개인적 쾌락에 소비했다면, 세상 사람들이 이미 오래전에 그런 경제에 혐오감을 느꼈을 테지만, 그들은 절약하고 벌 떼처럼 재산을 모았다. 그들 스스로 다른 사람들과 별반 다르지 않은 목표를 갖고 있었기 때문에 전체 공동체에 해가 되지 않았다"라고 자신 있게 말했다.[24]

하지만 현재 상황은 달라졌다. 점점 더 많은 돈이 사치품에 흘러 들어가거나 금융시장에 투자되고 있다. 실물 경제에 조달되는 자금은 갈수록 줄어들고 있다.

이와 같은 현상은 기업에서도 볼 수 있다. 자사주 매입이 기록적 수준에 이르렀는데, 이는 시장에서 돈을 거둬들이고 이익을 주로 주주들에게 돌려주려는 것이다. 그래서 미래를 위한 투자 자금은 별로 남아 있지 않다.

결국 최상위 계층에 쌓여 있는 많은 돈이 대규모 투자로 이어

에너지 전환에 필요한 재원을 어떻게 확보할 수 있을까?

독일이 2045년까지 에너지 전환 목표를 달성하려면 매년 GDP의 약 2%인 700-800억 유로를 추가로 투자해야 할 것으로 추정된다. 이 책에서는 독일의 최상위 부유층이 많은 세금을 납부하더라도 그들의 재산에는 별 영향이 없으면서 에너지 전환 비용이 상당 부분 충당될 수 있다고 주장한다.

여기에서 자산과 수입은 차이가 있다는 사실을 분명히 알아둘 필요가 있다. 독일의 경우 1997년에 부유세가 폐지된 이래 소득에 대한 자료는 있어도 자산에 관한 정확한 자료가 없지만, 소득 격차보다 자산 격차가 훨씬 크다는 건 분명한 사실이다. 상위 10% 부유층이 독일 전체 자산의 60% 이상을 보유하고 있다. 자산 하위 50%에 속하는 빈곤층의 자산을 모두 합하면 독일 전체 자산의 약 1% 정도 된다. 최상위 1% 부유층만 살펴보면, 겨우 84만 명 정도밖에 되지 않는 사람들이 독일 전체 자산의 3분의 1 이상을 갖고 있다. 최근 연구에 따르면, 독일 초부유층의 자산은 이제까지 알려진 것보다 훨씬 클 것으로 보인다. 추정컨대 1조 4천억 유로 이상 될 것이다.

63쪽 상단 그래프는 각 가정이 세금과 사회보장기여금을 총소득 대비 얼마만큼 지출하는지를 보여준다. 여기에서 분명하게 알 수 있는 사실은, 초부유층 사람들이 소득세를 많이·내지만, 소득 대비 지출 비율을 보면 간접세를 포함한 전체 세금 부담이 고소득층까지 거의 증가하지 않기 때문에 실제로는 저소득층의 세금 부담이 더 크다는 것이다.

아래 그래프는 독일의 자산 분포 현황을 나타낸다. 큰 자산을 가진 사람에게 공정하게 과세한다면, 친환경 에너지 전환에 필요한 막대한 자금을 비교적 빠르고 쉽게 거두어들일 수 있을 것이다.

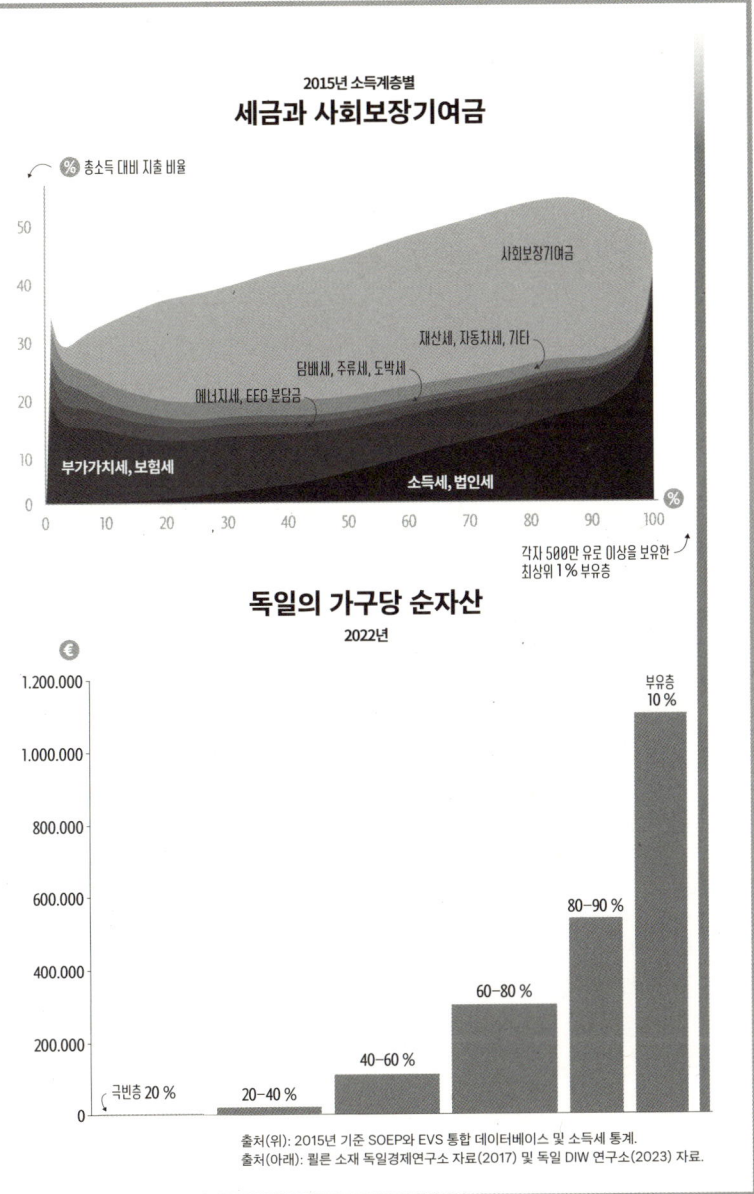

2015년 소득계층별
세금과 사회보장기여금

% 총소득 대비 지출 비율

사회보장기여금

재산세, 자동차세, 기타

담배세, 주류세, 도박세

에너지세, EEG 분담금

부가가치세, 보험세

소득세, 법인세

각자 500만 유로 이상을 보유한
최상위 1% 부유층

독일의 가구당 순자산
2022년

€

부유층
10%

80~90%

60~80%

40~60%

20~40%

극빈층 20%

출처(위): 2015년 기준 SOEP와 EVS 통합 데이터베이스 및 소득세 통계.
출처(아래): 퀼른 소재 독일경제연구소 자료(2017) 및 독일 DIW 연구소(2023) 자료.

지지 않는다. 이에 더해 생태계 개선이나 사회적 발전에 유입될 리는 만무하다.

다섯 번째 진실: '책임 있는 자본주의'가 우리를 구제하지 못한다

우리의 사회적 목표를 달성하고자 할 때 기업이 선의를 베풀기를 믿고 기대할 필요는 없다. 기업이 사회적 발전을 가져온 것은 틀림없는 사실이지만, 국제기구나 기업 자체에서 제시하는 요구에는 부응하지 못했다.

이 사회적 요구를 모두가 힘을 합쳐 진전시킨 것은 아마도 글로벌 공동체가 전 세계적 문제를 극복하기 위해 이제까지 한 노력 중에서 가장 의미 있는 시도였을 것이다. 2015년에는 지속가능한 발전 목표SDG가 채택되었다. 유엔은 "빈곤을 종식시키고, 지구를 보호하며, 2030년까지 모든 사람이 평화롭고 행복하게 살 수 있도록 전 세계가 함께 행동해줄 것을 촉구"하며 열일곱 가지 목표를 제시했다. 이 목표는 빈곤 퇴치부터 교육, 양성평등, 기후변화 대책에 이르기까지 각 분야의 발전 방향을 제시하는 새로운 길잡이가 될 것이다. 하지만 그 목표에 이르려면 아직 가야 할 길이 멀다. 2023년에 유엔 사무총장 안토니우 구테흐스는 인류가 그 목표

중 겨우 15% 정도에서만 올바른 길을 가고 있고, 이외의 목표에서는 앞으로 나아가지 못하거나 잘못된 방향으로 가고 있다고 지적했다.

많은 기업이 지속가능한 발전 목표에 찬성하고 책임 있는 자본주의라는 개념을 받아들였다. 그들은 사회적 환경적으로 책임 있게 경영하기로 굳게 약속하고, 자선 단체의 활동을 후원하며, 지속가능성 보고서에 발전 상황을 기록한다. 물론 그런 공개적인 약속은 너무나도 자주 구체적인 행동과 극명한 대조를 보인다. 석유회사 셸Shell이 그 예를 보여준다. 셸은 2021년에 "석유 생산량을 매년 1-2% 정도 점진적으로 줄여나가겠다"는 계획을 밝히고, 2050년에는 탄소 순 배출량을 '0'으로 만드는 탄소 중립에 이르겠다는 목표를 세웠다. 하지만 얼마 후 셸은 이런 구상을 서둘러 무산시키고 여전히 석유와 가스 생산에 막대한 투자를 이어나가고 있다.[25]

그런데 왜 기업들은 약속과 다른 행동을 할까? 그들은 충분히 많은 돈을 벌어들이고 있고, 그들의 경쟁사들도 마찬가지다. 세계 5대 석유 기업은 에너지 위기 덕분에 기록적 수준의 이익을 달성했다. 하지만 재생 에너지 사업에는 매우 조금 투자한다. 단지 투자할 이유가 없기 때문이다. 다시 한번 분명한 사실을 목도하게 된다. 국가가 개입해야 한다!

〈파이낸셜 타임스〉는 사회주의적 색채의 신문이 아닌데도 2023년에 다음과 같은 내용을 명확히 했다. "복구하거나 철거하거나 교체해야 할 물리적 인프라의 규모를 정확하게 파악하긴 어렵다. 미국 자산운용사 블랙록이 아닌, 각국 정부가 이 새로운 마셜플랜을 이끌고 나가야 한다. 그리고 계속 정진해야 한다. 자연환경에 큰 피해를 준 서구 국가들이 개발도상국이 겪는 변화에 자금 지원을 해야 한다. 이런 아이디어를 아직도 논하고 있다는 사실이 놀라울 따름이다."[26]

각국 정부가 이런 조치를 취해야 한다면, 이를 위한 자금이 필요하다. 하지만 유권자들의 반발을 피하면서 어떻게 하면 이 엄청난 자금을 조달할 수 있을까?

3장
과세: 윈-윈 전략

기후위기의 경제적 비용을 산출하는 건 그 누구에게도 쉽지 않은 일이다. 어떤 일이 벌어질지 알 수 없는 미래에 정부가 국민에게 최소한의 안전을 보장하기 위해 치러야 할 값이 얼마인지 확실한 답을 알 수 없다. 어쨌든 자국민을 보호하려면 여러 중요한 분야에 대한 막대한 투자가 불가피하다.

에너지 전환 가능한 한 빨리 화석연료를 대체할 수 있는 재생 에너지를 연구하고 개발해서 넓은 부지에 시설을 배치하기까지 공적 자금에 의존해야 한다. 우리는 재생 에너지가 급박하게 필요하기 때문에, 시장에 여력이 생길 때까지 기다릴 수 없다. 화석연료는 지금도 여전히 기록적인 수익을 낳고 있지만, 에너지 전환에 본격적으로 투자할 자본이 있는 석유 및 가스 기업은 오히려 엄격한 배출 규제에 반기를 들고 '그린 워싱'(실제로는 환경에 악영향을 끼치면서 겉으로만 친환경적 이미지를 내세우는 행위-옮긴이)에 치중하곤 한다.

식량 안전 보장 시장만 기후위기에 대비할 것이 아니라 농업도 발빠르게 적응해야 한다. 기온 상승, 강수 패턴 변화, 기상 이변, 가용 수자원 감소는 농업 생산성을 저하시킨다. 그러므로 식량 안보를 장기적으로 굳건히 지키려면 정부 주도로 기후 친화적인 작물을 생산하도록 변화해야 한다.

세계시민의식 부유한 나라가 우선 할 일이 많다. 가난한 나라에서 발생한 기후 피해에 대해 책임의식을 갖고 응당 자기 몫을 부담해야 한다. 기하급수적으로 늘어나는 기후난민을 부양해야 한다. 글로벌 사우스의 개발도상국들이 안고 있는 부채 문제를 해결해주어야 한다. 그리고 이들이 달라진 기후 환경에 적응하고, 기후 회복력을 갖춘 경제와 사회를 재건해 나갈 수 있도록 추가 자금을 지원해야 한다. 또 가난한 나라가 스스로 그런 변화를 실현해낼 수 있도록 금융 접근성을 제공해야 한다. 이는 인도주의적 이유에서 뿐 아니라 안보 정치적 이유에서도 반드시 필요하다.

이 모든 노력은 기후위기로 인해 우리가 해야 할 일 중 일부에 불과하다. 이외에도 인프라를 강화하고, 제방을 높이 쌓고, 교통 시스템을 환경친화적으로 구축하고, 앞으로 새롭게 생겨날 질병을 치료할 수 있는 의료 체계를 마련해야 한다. 폭염, 산불, 폭풍우, 홍수, 지속적인 해수면 상승으로 어마어마한 추가 비용이 발생할 것이다. 게다가 여기에는 지정학적 리스크 확산과 인구 이동이 갖는 의미는 계산에 넣지도 않았다.

대단히 큰 비용이 들 것 같지 않은가? 물론 이 모든 일에 실제로 얼마나 비용이 들어갈지는 아무도 모른다. 하지만 많은 학자가 어느 정도 안전하고 공정한 미래를 위해 우리 사회가 얼마만큼 값을 치러야 할지에 대해 신뢰할 만한 추정치를 제시하고자 열심히 연구하고 있다. 최근 연구에 따르면 기후 회복력이 있고 지속가능한 농업으로 전환하는 데 연간 약 1조 3천억 달러의 비용이 들 것으로 추산된다. 이는 전 세계 GDP의 약 1%에 해당하는 금액인데, 전 세계적으로 농업 전환이 진척되면 시간이 흐를수록 이 비용은 줄어들 것으로 예상된다.[27] 이 외에 '모두를 위한 지구'Earth4All는 국제통화기금IMF이 저소득 국가의 녹색 전환에 매년 1조 달러 이상을 지원할 것을 제안한다.[28] 하지만 이는 글로벌 종합손익계산서 항목 중 두 가지에 불과하다.

다른 모든 필요한 변화의 초석이 되는 에너지 전환 예상 비용을 살펴보면 당장 일반 대중이 함께 부담해야 할 금액이 얼마인지 알 수 있다. 국제재생에너지기구IRENA 보고서에 따르면, 2050년까지 100% 재생 에너지 전환이라는 목표를 달성하기 위해 재생 에너지원과 관련한 새로운 인프라, 기술, 상품을 구축하고 개발하고 완성하는 데만 131조 달러의 투자가 필요하다.[29] 이는 연평균 4조 4천억 달러의 자금을 조달해야 한다는 의미고, 이 금액은 전 세계

GDP의 약 4%에 해당하여, 나토 회원국들의 방위비 분담금과 비교하면 두 배에 달한다.

독일산업연맹의 보고서에 따르면, 독일이 2045년까지 탄소 중립을 달성하기 위해선 2030년까지 8600억 유로를 추가로 투자해야 한다.[30]

여기에서 자본 확보는 그다지 큰 문제가 아니다. 중요한 문제는 다른 데 투자하는 것보다 초기 수익이 적다는 사실을 알면서도 자본을 에너지 전환에 유도하는 것이다. 앞으로 30년 동안 에너지, 농업, 산업의 주요 부문에서 기존 생산 방식을 지속가능한 생산 방식으로 전환해야 한다. 그런데 후자의 방식은 전자의 방식보다 50% 정도 비용이 많이 들 것이다.

이런 전환에 필요한 인프라가 먼저 갖추어지면, 이 비용은 눈에 띄게 줄어든다. 우선 태양광 및 풍력 발전소의 운영비용은 기존 발전소의 화석연료 비용보다 훨씬 적게 든다. 또 청정에너지 비용은 이미 해마다 감소하고 있으며, 잇따른 인프라 확대와 새로운 기술 발전과 더불어 계속 감소할 것이다. 2010년부터 태양광 발전의 가격이 이미 80% 내려갔다.[31]

상황이 이러하지만 평균 소비량이 적기 때문에 추가 비용을 '지불'해야 한다. 그래서 친환경적인 에너지나 상품을 생산할 때 생산성이 낮아진다. 이는 소비와 투자에 사용할 자본이 적다는 의미다. 결국 우리는 상품과 서비스를 조금 덜 생산하게 되고 따라서 소비도 줄어들 것이다. 동시에 에너지 등 소비재는 생산 비용이 더 많이 들기 때문에 가격이 상승할 것이다.

따라서 시민들은 이러한 비용을 은행 계좌에서 직접 확인하지는 못하지만 실질 구매력 감소로 체감할 것이다.

하지만 이 추가 비용을 정확히 어떻게 부담해야 하는지는 경제적인 문제가 아니라 정치적인 문제다. 누가 이 비용을 지불할 것인가? 그리고 어떻게 이 비용을 공정하게 배분할 것인가? 이런 질문에 대한 쉬운 답이 하나 있다.

이제 부자들에게 세금을 부과하자!

그 답은 바로 세금이다. 아마도 세금이 경제정책에서 가장 중요한 조정 수단일 것이다. 이 세금으로 정부가 재정을 운영하고 자원을 배분할 수 있기 때문이다. 세금은 재분배 수단이며, 과세 정책은 소비와 생산 형태에 영향을 미치고, 민간 부문의 자원을 정부 부문으로 이전시킬 수 있다. 따라서 세금은 지속가능성 전환에 필요한 자금 조달에서 핵심 역할을 한다.

세금이 부담을 분산시키는 제어판이라고 상상해보자. 여기저기에 있는 레버들을 누르면 어떤 일이 벌어질까?

우선 현재 상황을 살펴보아야 한다. 현재의 세금으로 에너지

앞으로 설치해야 할 풍력 및 태양광 발전 설비 비용은 얼마일까?

독일이 20년간 해마다 GDP의 평균 2%를 에너지 전환에 지출한다면, 더 정확하게는 에너지 부문에 매년 700억 유로 이상을 지출한다면, 2045년까지 에너지 시스템 전환을 달성할 수 있을 것으로 예상한다.

이 자금은 크게 두 가지 부문에 필요하다. 새로운 재생 에너지 설비(주로 태양광 패널과 풍력 터빈) 설치에 투자하고, 전력공급 인프라(전력망, 에너지 저장 장치, 히트 펌프, 전기차, 수소 생산) 구축 및 운영에 드는 비용을 충당해야 한다.

이러한 목표를 달성하기에는 아직 갈 길이 멀며, 지출을 세 배는 늘려야 한다. 재생 에너지에 대한 투자는 아직 수익성이 높지 않아서 충분한 자본을 끌어모을 수 없다. 녹색 에너지 전환은 운영비용이 낮은 태양광에너지와 풍력에너지 등 저렴한 에너지로 이득을 보기 전까지는 상당한 초기 투자가 필요하다.

따라서 적절한 속도로 필요한 만큼의 노동력과 자본을 녹색 에너지 분야로 확실하게 이전시키려면, 대규모 국가 보조금이 필요하다. 이런 보조금을 통해 녹색 에너지 취득 비용(자본가치)이 낮아져서 화석에너지 취득 비용보다 저렴해야 한다. 결국 총 에너지 비용이 낮아지는 때, 독일에서 화석연료 발전소를 단계적으로 폐쇄하여 석탄과 가스 등의 화석연료 발전 비용이 줄어들기 시작하는 때에도 여전히 이런 보조금 혜택은 필요하다.

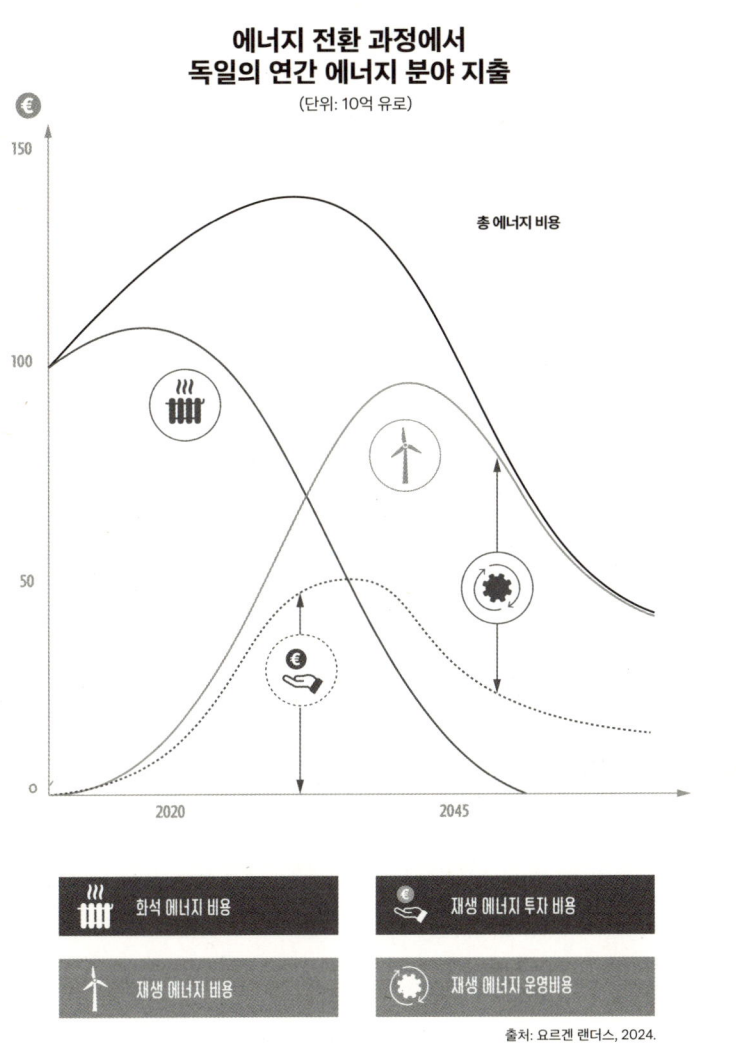

에너지 전환 과정에서
독일의 연간 에너지 분야 지출
(단위: 10억 유로)

총 에너지 비용

♨	화석 에너지 비용	
€	재생 에너지 투자 비용	
↑	재생 에너지 비용	
✳	재생 에너지 운영비용	

출처: 요르겐 랜더스, 2024.

전환에 필요한 자금을 조달하고자 한다면, 근본적인 문제 두 가지를 해결해야 한다. 우선 가용 자금이 너무 적어서 필요한 투자를 이어나갈 수 없다. 또 하나는 그달 벌어 그달 먹고 사느라 지친 일반 근로자들이 가장 큰 부담을 안게 된다. 인상된 천연자원의 가격과 공공의 환경 피해 방지 비용으로 인해 고통받는 사람은 바로 근로자들이 될 것이다. 주주들이나 유산 상속자들의 자산(전 세계적으로 수조 달러에 이를 것이다)에 대해서는 대체로 과세되지 않을 것이다. 반면에 대다수 서민은 막대한 국가 채무에 짓눌려 점점 더 허덕이게 될 것이다. 이들은 부자들의 화려한 생활 탓에 자기가 짊어져야 할 짐이 점점 더 커지는 동안 자시의 생활 수준이 하락하는 것을 보게 될 것이다. 이에 대한 분노가 자라나 긴장이 고조되고 격분에 찬 갈등은 불가피해질 것이다.

이런 혼란을 막으려면 우리는 정확한 레버를 눌러야 한다. 이미 말했다시피, 초부유층에게 공정하게 과세하여 그 자금을 고스란히 인류 공동의 과제에 쏟아붓는다면 기후 문제 해결은 물론 불평등과의 싸움에도 큰 도움이 될 것이다.

유럽 의회의 녹색당 그룹이 실시한 연구는 다음과 같은 결론에 이르렀다. "최근 몇 년간 자본에 대한 세금이 줄어들었고, 부유세는 거의 완전히 사라졌다. 그런데 가장 최근에는 극소수 사람들이 많은 사람에게 짐을 지우면서 그토록 많은 부를 쌓는 현실을 우리가 더 이상 참아낼 수 없다는 위기를 목도하게 되었다. 이에 스페인이 유럽에서 제일 먼저 누진세율 구조의 부유세를 한시적으로 도입했다.["32]

이 연구에서는 모든 유럽연합 국가가 스페인의 사례를 따른다면 무슨 일이 벌어질 수 있는지를 알아보았다. 그리하여 유럽연합의 시민 중 최상위 0.5% 부유층에게 1.7-3.5%의 부유세를 부과하면 연간 2133억 유로의 세수를 확보할 수 있다는 결론에 이르렀다. 이는 현재 유럽 전역의 주택개발 사업에 편성된 예산의 9배에 해당하는 금액이다. 이 돈으로 회원국들이 에너지 전환, 교육, 국민보건 분야, 지속가능한 운송, 취업 프로그램에 투자할 수 있을 것이다.

왜 아직도 기다리는가?

솔직히 말해서 세금을 좋아하는 사람은 아무도 없다. 우리 모두 세전 수입에서 세금을 덜 내고 내 통장에 더 많은 돈이 들어오길 바라지 않는가? 하지만 우리의 행복한 삶을 보장해주는 건 바로 급여에서 공제된 세금이다. 잠깐만 세금이 없는 세상을 상상해보자. 도로는 훼손되고, 학교는 문을 닫고, 연구는 더 이상 진행되지 않는다. 병원에서는 환자를 돌보지 못하고, 방치된 쓰레기는 거리 여기저기에 널브러져 있을 것이다. 세금은 함께 살아가는 우리에게 꼭 필요한 묘약이다. 세금이 없다면, 사회기반시설을 건설할 수도 없고, 사회보장제도를 운영할 수 없으며, 외국의 침략으로부터 방어할 수도 없을 것이다. 언젠가 미국 대통령 프랭클린 루스벨트가 했던 말은 참으로 적확하다. "세금은 조직화된 사회의 구성원인 우리가 사회적 혜택을 누리는 대가로 지불해야 하는 공과금이다."

그 어느 때보다 바로 지금, 우리가 겪는 이 위태로운 시기에 국민에게 필요한 것을 잘 공급해주는 국가가 필요하다. 우리가 앞으로 지불해야 할 막대한 비용이 에너지 전환에 드는 비용 하나만이 아니기 때문이다. 예를 들어, 고령 인구가 의존하는 사회보장제도를 유지하는 데도 어마어마한 금액이 필요하다. 그리고 러시아의 우크라이나 침공, 그리고 이에 따라 천억 유로 규모의 특별방위기금을 편성해 독일연방군을 현대화하는 '시대 전환'을 이루겠다는 계획은 지정학적 긴장이 고조된 세계에서 살아남기 위해 얼마나 많은 돈이 필요한지를 가늠하게 한다.

대부분의 사람은 세금이 필요하다는 데 이의를 제기하지 않는다. 그런데 조세제도가 최적으로 설계되었다고 생각하지도 않으면서 현재 조세제도의 구조를 바꾸는 데에는 회의적인 입장을 보이는 것 같다. 아무튼 몇 가지 근본적인 질문은 해결되어야 한다. 우리의 조세 체계가 공정하게 세금 부담을 분배하고 있는가? 가장 부유한 사람들이 가장 큰 부담을 지고 있는가 아니면 다른 사람들에게 큰 짐을 떠넘기고 있는가? 각자 나름대로 공동의 이익을 위해 충분히 기여하고 있는가?

이런 문제들은 우리가 사회를 어떻게 인식하는지, 우리가 국가 지도층을 신뢰하는지 여부와 직접적으로 관련되어 있다. 따라서 우리 공동체에서 세금이 갖는 본질적 의미를 고려할 때, 대다수 사람이 공정하게 과세된다고 느낄 수 있게 해야 한다.

세금은 정부의 중요한 수입원이고, 공공재를 제공하며, 불평등을 줄이는 데 기여할 뿐 아니라 사회 구성원의 행동에 영향을 미치고, 특정한 정치적 목표를 추진하는 도구가 되기도 한다. 담배세를 일례로 들어 보자. 대부분의 정부는 담배 소비를 줄이고 국민 건강을 증진하기 위해 담배 제품에 높은 세금을 부과한다. 술, 설탕, 비닐봉지 등의 경우도 이와 비슷하다. 역사를 살펴보면 사회를 통제하기 위해 세금을 부과한 경우가 매우 많았고, 때로는 이해할 수 없는 세금도 있었다. 표트르 1세는 수염세를 도입해 수염을 기르는 남자들에게 세금을 내게 했다. 이를 통해 러시아 사회가 후진성의 상징인 수염을 자르고 서유럽 문물을 적극적으로 받아들이며 유럽에 동화되길 바랐던 것이다.

지금은 수염을 기르든 말든 세금과 아무 상관 없다. 오늘날 우리는 개인이 소비하는 재화와 서비스 생산에서 공공재와 공공 서비스 생산으로 자금이 이동하도록 인센티브를 마련해야 한다. 우리는 전례 없는 전환을 뒷받침할 조세제도가 필요하다. 그것도 10

년 안에 정립해야 한다.

그렇다면 우리는 왜 진작 세금 제어판에서 레버를 눌러 부자들에게 돈을 내라고 하지 않았을까? 앞 장에서 부자 과세에 걸림돌이 되었던 자유시장에 대한 잘못된 믿음을 살펴보았다. 이제 세금 인상에 대한 일반적인 반대 논리와 우려를 몇 가지 들여다볼 것이다. 그리고 이런 근거 없는 주장을 잠재울 수 있는 세법의 기본 원칙 몇 가지를 설명하고자 한다.

첫 번째 반대론: 세금 인상은 양극화를 심화시킨다

서양의 유권자 대다수가 전반적인 세금 인상에 반대한다. 이건 너무나도 당연하다. 그달 벌어 그달 먹고 살면서 지난 몇 년간의 경제 성장으로 생활이 나아지기는커녕 삶이 더 불안정해지는 걸 피부로 느끼는 사람에게 세금을 인상한다고 하면 헛웃음밖에 나오지 않을 것이다. 그래서 부가가치세 인상과 같은 전반적인 세금 인상은 국민의 불만을 들끓게 만들고 사회 양극화를 악화시킬 것이다.

그런데 이런 상황은 초부유층에만 과세하면 피할 수 있는 문제다. 세금이 극소수 사람들에게만 부과되기 때문에 대다수는 세금 인상에 찬성할 것이고, 그럴싸한 근거도 있다. 많은 재산을 가진 사람은 경제 성장의 결실을 누렸으니, 그만큼 세금을 더 내는 것도 별 문제 없지 않은가!

이 반대론을 주장하는 사람은 '세금은 대다수가 공정하다고 느낄 수 있게 설계되어야 한다'는 조세 원칙을 되새겨야 한다.

두 번째 반대론: 노동의 결실이 재분배된다면 사람들은 열심히 일하지 않을 것이다

흔히 소득에서 더 높은 비율의 세금이 공제된다면 일의 생산성이 떨어질 것이라고 생각한다. 실수령액이 적으면 사람들이 덜 열심히 일하고, 덜 소비하고, 덜 투자하리란 것이다. 이런 주장은 시장경제의 인센티브 원리에서 비롯되었다. 인센티브 원리에 따르면, 사람들은 경제적 이익을 기대할 수 있어야 생산적으로 일하고 새로운 변화를 시도하고 혁신적으로 투자한다. 따라서 소득 재분배 기능을 강화하면, 열심히 일할 동기를 잃고 위험을 감수하려고 하지 않으며 심지어 아예 구직을 단념할 수도 있다고 본다.

게다가 출세가 열심히 일한 결과라는 것은 동화 같은 옛날이야기다. 정상에 오른 사람은 일반적으로 출발할 때부터 자산, 인맥, 이용할 수 있는 자원 등 유리한 조건을 갖고 있다. 부유층은 더 좋은 교육을 받을 수 있고, 이에 따라 더 나은 일자리를 얻을 기회도 얻는다. 하지만 가난한 사람들은 처음부터 뒤처진 지점에서 출발해야 한다.

이것은 윤리의 문제다. 부가 집중되게 하는 정책은 부유한 집단에게 기회도 집중되도록 하기 때문이다. 그래서 부의 격차는 점점 더 벌어지고, 결국 경제 시스템 실패로 이어진다. 이에 따라 고통을 받는 건 개개인뿐 아니라 사회 전체다. 사회는 무수히 많은 국민의 무한한 잠재력을 사장하게 된다.

이 반대론에 대응하는 조세 원칙은 다음과 같다. '세금은 진정한 기회의 평등이 실현되도록 설계되어야 한다.'

세 번째 반대론: 세금이 인상되면 부자들이 돈을 외국으로 빼돌릴 것이다

세금 인상과 관련하여 시급하게 해결해야 할 문제 중 하나는, 부유한 극소수 사람들이나 기업이 조세 피난처에 자산을 유출하는 문제다. 세계화로 인해 기업과 부자 들이 자산과 경제 활동을 세금이 면제되거나 세금 부담이 현저히 적은 곳으로 쉽게 이전할 수 있고, 이로써 각자의 본국에는 큰 규모의 세수 손실이 발생하곤 한다. 이런 현상은 조세의 이익 창출 능력을 잠식시킬 뿐 아니라 사회의 공정성을 훼손하기도 한다. 기업이 납세의 의무를 회피하면, 그 부담은 중산층이나 저소득층 납세자에게 전가되어 결국 이들이 국가의 구멍 난 세수를 메워야 한다.

이 반대론에 대해서는 다음의 조세 원칙이 필요하다. 글로벌 최저 법인세율 설정, 금융 거래 투명성 강화 방안, 역외 자산에 대한 감시와 과세 등을 통해 조세 포탈을 방지하는 전방위적 세계적인 조세 정책이 필요하다.

네 번째 반대론: 부유세를 부과하면 기부금이 줄어들 것이다

이 말은 맞을지 모른다. 하지만 부자들에게 공격적 과세를 하더라도 그들이 자선 목적으로 기부를 하면 여전히 상당한 세금 감면 혜택을 누릴 수 있다. 그리고 그들이 내야 하는 부유세는 공공의 이익을 위해 사용될 것이다. 그러면 국민이 직접 그 돈을 어디에 써야 할지를 결정할 것이다.

이제까지는 부자들이 마음 내키는 대로 내놓은 소위 자선기금에 대중이 함께 재원을 충당해왔다. 불평등 문제 전문가 척 콜린스는 "대부분의 자선 활동, 특히 부유층의 기부로 이루어지는 자선 활동은 대중의 보조금을 받는다"라고 설명한다. 기부금을 내면 세금이 감면되고, 그만큼 국가 세수가 줄어들기 때문이다. 결국 국방, 도로 및 철도 유지 보수, 공립 학교 재정 지원 등에 들어갈 돈이 부족해진다.[33]

지혜로운 인류애는 다중적 위기에서 헤쳐 나오는 길을 찾는 데 도움이 되지만, 이제까지 불평등을 완화하는 데 인류애적 차원의 조치가 이렇다 할 성과를 올린 적은 거의 없다. 콜린스는 이를 다음과 같이 간명하게 설명한다. "사회 변화라는 목표에 맞추어 자금을 조달하는 것이 성공적인 에너지 전환에 가장 중요하다."[34] 그래서 콜린스는 자신이 최상위 1% 부유층에 속해 있으면서도 부자에 대해 중과세를 해야 한다고 주장한다. 그리고 자선 단체가 공익을 위해 자산을 더 많이 지출하도록 강제하는 규정을 덧붙여야 한다고 말한다. 반면에 자선가들이 세후 자산으로 기부하는 것을 막을 방법은 없다.

이 네 번째 반대론에 대해 다음과 같은 결론에 이른다. 세금이 사적 번영을 지원하기 위해 공동체의 통제에서 벗어나는 것을 방지하는 세법을 제정해야 한다. 빈부 격차를 확대하는 세제 혜택은 사라져야 한다.

과세는 만병통치약일까?

세금은 단순히 돈을 거둬들이는 것을 넘어서 변화를 만드는 힘이 있다. 세금은 아마도 가장 효과적인 정책 도구일 것이다. 중요한 부문에 자원을 투입하고, 부유층에게 공정한 몫을 부담하게 하며, 소득과 기회의 불평등을 완화시킨다. 또 부유층에 대한 적절한 과세는 모두가 윈-윈할 수 있는 조치다. 그래서 세금은 다양한 기능이 하나로 모아져 있어 온갖 일에 사용되는 맥가이버칼과 같다는 생각이 들게 한다.

세금은 소비를 조절할 수 있다. 부유층의 소비뿐 아니라 부유층을 따라하는 전체 사회의 소비도 조절한다. 높은 세금으로 소비자의 행동 패턴에 변화를 이끌 수 있고, 친환경적 행동에 인센티브를 제공할 수 있다. 예를 들어 부유세로 인해 세컨드 하우스의 수

요가 감소한다면, 주택 시장의 상황이 완화되고 사회정의가 실현되고 있다는 느낌이 커질 것이다. 세금의 이런 기능을 과대평가해선 안 되지만 이러한 기능이 있는 것이 사실이다.

이런 모든 이유 때문에 공정한 과세는 우리가 택할 수 있는 가장 간단하고 공평하며 빠른 방법이다. 독일에서는 국민의 73%가 100만 유로(대략 15억 원. 실거주하는 주택 가격은 포함하지 않음-옮긴이) 이상의 자산을 소유한 사람에게 부유세를 부과하는 데 찬성한다.[35] 오스트리아에서는 국민의 3분의 2가 대규모 자산에 대한 세금과 법인세 인상을 지지한다.[36]

그런데 왜 이제껏 과감한 조세 정책을 추진하지 못하는 걸까? 우선 재력이 거대한 정치 권력과 연관되어 있다는 것이 문제다. 지난 수십 년간 몇몇 슈퍼부자는 자신의 영향력을 이용해 세금 부담을 낮추고, 규제를 완화하고, 세법의 허점을 확대했다. 물론 동시에 어떻게 부자들에게 세금을 부과하고, 세금 부담을 어떻게 공정하게 분배할지를 숙고하자고 촉구하는 반대 움직임 역시 커지고 있다.

부자에게 세금을 더 많이 걷으면 투자와 일자리가 줄어들까?

녹색 에너지에 필요한 추가 자금을 확보하기 위해 부자들에게 세금을 더 부과하면, 저축이 줄어들고 생산 능력에 대한 투자가 감소할 것이라고 우려하는 사람들이 많다. 하지만 추가 세수가 녹색 에너지 전환 용도로만 쓰인다면 결단코 그런 일은 벌어지지 않을 것이다.

추가적인 세금은 자본을 다른 방식으로 배분시킬 것이다. 특히 녹색 에너지 분야에서 그러할 것이다. 추가 세수가 경제 전체의 투자를 줄어들게 하지는 않는다. 정확히 말해서, 다소 비싸지만 지속가능한 생산 쪽으로 투자와 활동이 유도될 것이다. 녹색 에너지 부문의 생산 능력(노동과 자본)은 증가하지만 다른 부문의 생산 능력은 감소할 것이다. 녹색 에너지 생산이 화석연료보다 수익성이 다소 떨어지는 탓에 실제 소비는 감소할 것이다.

가계는 수입으로 재화와 서비스를 소비할 뿐 아니라 저축도 한다. 다음 도표는 독일 가구의 소득별 저축액을 보여준다. 저축액 일부는 결국 생산 능력에 투자되지만, 상당 부분이 주식, 부동산, 금과 같이 생산성이 거의 없는 부문에도 투자된다.

세금 인상은 실제 자본을 창출하는 분야에 대한 투자는 감소시키지 않고 금융투자나 개인 소비에 대한 투자가 줄어들도록 설계해야 한다. 자산가와 기업의 역외 탈세를 방지하기 위해 국제적인 과세 공조가 반드시 필요하다.

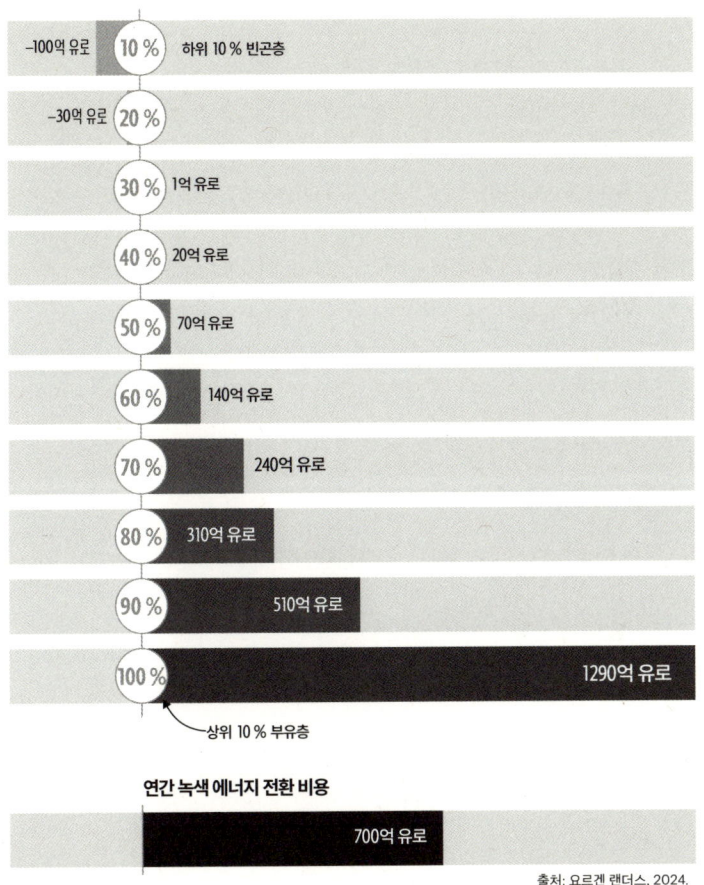

독일 가구의 연간 저축액

2013년

−100억 유로	10 %	하위 10 % 빈곤층
−30억 유로	20 %	
	30 %	1억 유로
	40 %	20억 유로
	50 %	70억 유로
	60 %	140억 유로
	70 %	240억 유로
	80 %	310억 유로
	90 %	510억 유로
	100 %	1290억 유로

상위 10 % 부유층

연간 녹색 에너지 전환 비용

700억 유로

출처: 요르겐 랜더스, 2024.

4장
누가 세금을 내야 할까?

1949년 9월 20일, 독일 연방의회 앞에서 초대 연방총리 콘라드 아데나워가 정부 성명을 발표하며 "빈곤을 완화하고 사회정의를 실현하려는 노력이 국가가 지향하는 최고 목표가 될 것"이라고 선언했다.[37] 제2차 세계대전이 끝난 후 독일에서는 1500만 명에 이르는 난민, 피폭자, 피난민, 수용소 수감자 들이 집을 잃고 정처 없이 떠돌았다. 생계를 이어나가기 힘든 시기였다. 이에 대해 콘라드 아데나워가 제시한 해결책이 '부담조정법'이다.

바로 그 전 해에 서방 점령군들은 전쟁 후 남은 자산의 불공평한 분배가 국가 재건에 상당한 부담이 되리라는 사실을 인식하고 있었다. 그들은 이런 부담을 공정하게 분배할 것을 '독일의 입법 기관'에 촉구했다. 전쟁을 겪는 동안 전혀 잃은 것이 없거나 약간의 손해만 본 사람들은 자기 재산의 일부를 제공하여 거의 모든 재산을 잃은 사람들에게 도움을 주어야 했다. 미국, 영국, 프랑스가 서독에 사회주의 체제를 물들일 의도는 전혀 없었지만, 이 시대가 공동체 전체를 위한 행동을 촉구한다는 건 거의 분명한 사실이었다.

오늘날 독일 기독교민주당 관련 콘라드아데나워재단은 이와 같이 부담을 나누는 조치를 "전쟁으로 심각한 재난을 당한 사람들과의 특별한 연대 행위"라고 설명한다. 이 재단 웹사이트에 게시된 내용에 따르면, 이 연대 행위는 "사회적 결속력을 강화하고 실향민들이 어렵지 않게 사회에 융화될 수 있도록 기여하여 독일의 성공에 중요한 역할을 했다."[38]

다른 말로 표현하면, 위기는 명백한 사실이었고 단호한 조치를 취해야 했다. 사람들은 전쟁으로 인한 피해를 사회 구성원이 공정하게 나누어 감당한다고 느끼길 원했고, 이런 고통 분담에서 드러난 연대감은 국가 재건에 대한 참여 의지를 강화했으며 더 나은 미래에·대한 희망을 심어주었다.

물론 오늘날 상황은 제2차 세계대전이 끝난 직후의 상황과는 판이하다. 하지만 우리 앞에도 엄청난 도전이 펼쳐져 있다. 지금 우리는 경제와 인프라를 새로 구축해야 하는 건 아니지만, 근본적으로 그것을 전례 없는 속도로 재구성할 필요가 있다. 거듭 말하지만, 이때 공정한 고통 분담이 이루어져야 한다. 우리가 사회정치적 발전을 함께 이루어나가며, 소외계층이 지나치게 큰 부담을 지지 않도록 재력 있는 사람들이 경제적 부담을 감당한다는 데 사회적 합의가 이루어져야 한다.

전쟁이 끝나고 전 소유권자와 현 소유권자의 권리를 존중하고, 사회적 시장경제와 조화를 이룰 수 있도록 부담 균등화 제도를 구축하는 데 여러 해가 걸렸다. 여기에서 이루어진 논의에는 규범적 차원(사회정의란 무엇인가?), 법적 차원(사유재산과 관련된 권리와 의무는 무엇인가?), 정치적 차원(자유민주주의는 어떻게 사회정의를 정착시키고 사회적 갈등을 피할 수 있을까?)이 포함되었고, 당연히 오늘날과 마찬가지로 경제적 차원도 있었다.

결국 민주주의 사회에서 내려지는 그런 대담한 정치적 결정은 언제나 특정한 서사가 현실이 될 수 있는 비옥한 토대가 필요하다. 역사학자 마이클 L. 휴즈는 "전쟁으로 폐허가 된 독일은 일반 세수로 약간의 지원을 하기보다는 부담을 균등화하는 방안을 마련했다. 이는 개인의 미덕, 사회적 책임, 경제적 현실에 대한 담론을 근거로 하고 이 담론은 '피해를 입지 않은' 서독 사람들을 설득할 수 있기 때문이다"라고 설명한다.[39] 이 부담조정법을 통해 총체적으로 420억 마르크, 즉 1952년 GDP의 60%에 해당하는 자산을 재분배할 수 있었다.[40]

부담 균등화는 사실 부자에 대한 세금으로서 보수당 정부가 도입한 것이다. 이를 실현할 수 있었던 비옥한 토대가 오늘날 다시 등장했다. 이제는 이런 질문을 해야 한다. 오늘날 에너지 전환 실현에 가장 효과적인 세금은 어떤 유형이며, 누가 이 세금을 내야 할까?

4장에서는 3장에서 설명한 조세 원칙에 부합하는 세금 다섯 가지를 제안할 것이다. 이 중에서 특별히 혁신적이거나 새로운 조세 방식은 하나도 없다. 대부분 이미 20세기에 이런저런 유형으로 존재했으며 보수 성향이 강한 정권 아래에서 시행되기도 했다. 그것은 바로 부유세, 상속세, 높은 법인세, 탄소가격제와 탄소배당제, 탄소가격제에 탄소배당제를 접목한 방식 등이다.

부유세는 전혀 합법적이지 않다?

2022년 12월, 독일에서 실시한 설문조사에서 응답자의 73%가 100만 유로 이상의 순자산을 갖고 있는 사람에게 부유세를 부과하는 방안에 찬성한다고 답했다(이 설문에서 실거주하는 주택의 가격은 순자산에 포함하지 않았다).[41] 부담을 공정하게 분배하고 싶은 염원은 좌익 정당만의 이상이 아닌 것 같다. 실제로 바로 20세기에 보수 정권이 상당히 높은 세율을 책정했는데, 아무튼 신자유주의적 전환이 이루어지기 전이었다. 높은 세율이 적용된 부유세는 예외가 아니라 일반적으로 부과되는 세금이었다. 하지만 1990년부터 2017년까지 개인에 대한 순부유세를 부과한 선진국의 수는 67% 감소했다.[42]

코로나19가 발생했을 때, 팬데믹으로 인한 부담을 공정하게 나눌 목적으로 새로운 부유세를 도입하자는 사회적 요구가 빗발쳤다. 예를 들어, 독일 경제연구소는 100-200만 유로 이상의 법인 자산을 보유한 기업에 대하여 10-30%의 누진세를 20년에 걸쳐 분할 납부하는 방안을 검토했다.[43] 이 세금의 과세 대상은 주로 자산 상위 1% 대기업이 될 것이고, 가장 많은 세금을 내는 대상은 860만 유로 이상의 자산을 보유한 최상위 0.1% 대기업이 될 것이다. 이 세금이 100만 유로 이상의 자산에 부과된다면, 130-160만 명의 사람들이 영향을 받고, 200만 유로 이상의 자산에 부과된다면, 30-40만 명이 영향을 받을 것이다. 그렇다면 독일 인구의 0.5-2%밖에 영향을 받지 않는 것이다.[3]

그러니 힘들지 않게 세금을 부담할 수 있겠지만, 그 총액은 상당하다. 이런 부유세로 연간 200-300억 유로를 거두어들일 수 있다. 이는 독일 GDP의 0.5-0.8%에 해당한다. 노르웨이가 현재 부유세로 창출하는 세수도 GDP의 0.5-0.8%에 달한다.

물론 대개 부유세는 부자들이 세금을 회피하도록 할 위험 부담이 있다. 노르웨이가 부유세 세율을 높이자 부자들은 자국을 떠나 다른 나라로 이주했다. 이에 대응하여 소위 '국적포기세'를 강화했고, 어느 정도 성과가 있었다. 간단히 말해서, 여기에서 문제가 되는 건 슈퍼부자의 자산에서 미실현 이익에 대한 세금인데, 이제까

---

[3]   우리나라의 경우 금융자산 10억 원 이상 보유한 개인은 46만 1천 명으로 전체 인구의 0.90%를 차지한다("2024년 한국 부자 보고서").

지는 이주 후 5년이 지나면 더 이상 부과되지 않았다. 그런데 이제부터는 이 기간 규정이 취소되어 이주를 통해 별 이득을 얻을 수 없게 되었다.

추가 세수는 정부에 추가적 과제가 생긴다는 의미도 된다. 현재 정부는 가난한 사람들이 벌어들이는 돈은 동전 한 푼까지도 다 파악하고 있지만, 부자들의 재산이 얼마나 되는지는 거의 알지 못한다. 따라서 독일은 국가 자산등록부를 만들어 정기적으로 자산을 기록해야 한다. 그렇지 않으면 국가가 누구에게 세금을 부과해야 할지 알 수 없기 때문이다. 한편 과세 대상자는 자기 자산을 직접 평가하거나 국가 공인 세무사에게 의뢰해 조세 회피나 탈세를 범하지 않도록 유의한다. 제출된 신고서는 무작위로 세무 조사를 받고, 허위 신고가 발각되면 혹독한 처벌이 내려진다.

독일에서 부유세 도입에 반대하는 사람들은 "부유세는 전혀 합법적이지 않다"고 주장한다. 실제로 1995년 연방헌법재판소에서 내린 판결은 당시의 세제 개편안이 헌법에 위배된다고 확정했다. 자산 가치 평가에서 일관성이 결여되었다는 이유였다. 하지만 이는 결코 부유세가 조세 원칙에 어긋난다는 뜻이 아니다. 오히려 그 반대다.

2023년부터 시행되는 부유세에 관한 법적 해석을 보면, 기본법에서 규정하는 세금 유형임을 제시한 것이라고 분명히 밝힌다. 그뿐 아니라 '분배 정책의 정치적 관점'에서도 정당화될 수 있다고 논증했다.[44] 따라서 부유세는 위헌이 아닐 뿐 아니라 법적 관점에서도 독일의 불평등이 부유세가 필요할 정도에 이르러 부유세 도입이 합헌임을 시사한다고 주장할 수 있게 되었다.

조세 회피를 방지하기 위해 각국은 해낭 성보를 서로 공유해야 한다. 몇몇 나라들은 이미 정보 교환에 협력하고 있지만, 대부분의 국가들은 그렇지 않다.

자산이 물 흐르듯 다음 세대로 상속되는 것처럼 국경도 아주 쉽게 넘나들기 때문에, 중기적으로 자산에 대한 글로벌 부유세 도입을 고심해보아야 한다. "세계불평등보고서"에 따르면, 1억 달러 이상의 개인 자산에 1.5% 이상의 글로벌 부유세를 부과하면 연간 3천억 달러의 세수를 거둬들일 수 있다.[45] 이에 해당하는 사람은 6만5천 명밖에 되지 않을 것이다. 전 세계 인구의 0.001%보다 적은 수다. 동시에 이 부유세는 전 세계 GDP의 2%에 해당하는 자금을 조달할 것이다. 이것만으로도 지속가능한 에너지 전환에 필요한 자금의 절반을 충당할 수 있다. 이는 불평등 구조가 얼마나 심각한 정도인지를 보여준다. 그리고 세상을 구하는 변화를 일구어나가는 일이 초부유층에게는 얼마나 쉬운 일인지도 보여준다.

상속세는 이중과세다?

출생이라는 우연한 사건은 평생 어떤 기회와 어떤 자산을 부여받게 되는지를 결정하는 가장 중요한 요소다. 이에 비하면 열심히 땀 흘려 일하는 것은 별로 중요하지 않다. 물론 대부분의 사람은 출생 복권에서 1등에 당첨되지 못하고 꽝을 뽑을 확률이 높다. 그들은 자산을 쌓을 수 있는 현실적인 기회를 얻어보지도 못하고 계속 가난을 대물림한다. 아무도 그들에게 풍족한 유산을 물려주지 않으며, 그들도 아이들에게 물려줄 것이 하나도 없다. 독일인의 40%는 통장 잔고가 바닥이다.

그런데도 상속세를 부과하자는 말을 들으면 강한 거부감이 일어난다. 우선 할머니의 낡은 보석함이나 할머니가 남겨주신 숲속의 작은 집이 떠오른다. 이런 것들에는 금전적인 가치 이상의 것이 담겨 있다. 많은 이야기와 추억이 얽혀 있기 때문이다. 하지만 여기에서 제안하는 상속세는 이런 조부모님의 소유물과 별로 관계없다. 상속세가 언급될 때 지목되는 대상은 대대로 전해 내려오고, 계속 불어나며, 이제까지 과세된 적이 별로 없는, 어마어마한 재산이다. 이 재산은 민주적 통제를 전혀 받지 않고, 대개 인류를 위해 사용되지 않는다.

미국에서는 지난 25년간 부유한 개인과 기업이 세금 감면으로 막대한 이익을 얻었다. 미국의 상속세는 1916년에 도입되었지만 2000년대 초에 폐지 법안이 통과되었고, 2010년쯤 낮은 세율을 적용하여 다시 살아났다가 2017년에 트럼프 정부가 시행한 세금 감면 정책의 일환으로 상속세 비과세를 강화했다. 이런 감세 조치 덕분에 미국의 부유층이 자손에게 세금을 전혀 떼지 않고 온전히 물려줄 수 있는 금액이 두 배가 되었다. 그래서 현재는 부부의 경우 2200만 달러까지 상속세를 면제받고 자식에게 당당하게 물려줄 수 있다.[46]

독일의 경우 상속세 과세 기준이 미국보다 엄격하다. 정확히 말해서, 비과세 한도가 배우자는 50만 유로, 자녀 1인당 40만 유로, 손자녀 20만 유로로 높지만, 상속세 면제 한도를 넘어서는 큰 금액을 상속받는다면 초과분에 대해 최대 50%의 세율이 적용되는 누진세를 납부해야 한다. 원칙적으로는 그렇다. 그러나 실제로는 허점을 이용하거나 여러 예외 규정을 적용하여 실효세율이 매우 낮아지곤 한다. 상속 재산이 많은 경우에는 특히 그렇다.

독일에서 상속되거나 증여되는 전체 재산의 반은 약 10%의 인구가 받는다. 유산으로 물려받거나 증여되는 금액이 매년 총 3천억 유로에 달한다.[47] 독일 정부가 이로부터 거두어들이는 세금은 100억 유로밖에 되지 않는다. 즉 실효세율이 3% 정도다. 실질적으로는 상속세가 면제되는 경우가 너무 많기 때문이다. 예를 들어, 기업의 자산이 특정 조건을 충족하기만 하면 세금을 면제받고 증여나 상속으로 양도될 수 있다. 만약 7년이 넘도록 해당 회사가 매각되지 않고 전 직원에게 급여를 또박또박 지급했다면, 수십억 유로가 양도되고 세금을 피하려 한다는 의심이 드는 경우에도 국가는 세금을 하나도 거둬들일 수 없다.

자산가인 가장이 사망하기 전에 큰돈을 증여함으로써 상속세를 회피하는 일이 흔히 벌어지곤 하는데, 이런 식의 증여를 방지하기 위해 특별한 세법 규정을 마련했다. 물론 증여액이 커질수록 이런 규정의 실효성은 점점 더 떨어질 것으로 보인다.

예를 들어, 2020년에 미디어 거물 악셀 슈프링어의 미망인 프리데 슈프링어가 유럽 최대 규모 출판 미디어 그룹 악셀 슈프링어의 최고 경영자 마티아스 되프너를 위해 특별한 선물을 준비했다. 즉, 그에게 슈프링어 그룹 주식의 15%를 양도했는데, 이 주식의 규모는 약 10억 유로였다. 원래는 이 때문에 되프너는 상당한 금액의 증여세를 납부해야 했다. 하지만 실상은 달랐다. 독일의 상속세법에는 허점이 많다. 아마도 되프너는 '면제 요건 심사'를 받느라 개인 자산을 기업 자산으로 전환하면서 법 앞에서 '수중에 돈이 없는' 척했을 것이다. 세금을 낼 돈이 없다면, 독일의 조세제도에서는 세금이 면제된다.[48] 슈프링어가 창간해서 유럽 최대 판매 부수를 가진 타블로이드 신문 〈빌트〉*Bild*에서 헤드라인급 제목을 뽑았다면 다음과 같지 않을까. "슈프링어의 CEO, 5억 유로 안 내려고 국가를 속여."

상속 재산을 세무 당국의 손이 닿지 않는 곳에 두는 방법은 수 없이 많다. 고액 자산가는 가족의 재산과 분리된 재단을 설립하거나 현금을 미성년자에게 양도해 상속세를 최소화하거나 완전히 회피할 수 있다. 엄청난 자산을 물려받은 상속자는 개인 돈이 없어서 상속받은 기업의 자산에 손해를 끼치지 않고서는 상속세를 납부할 수 없다는 사실을 입증하기만 하면 납세 의무에서 완전히 벗어날 수 있다. 이 조세제도는 양도 시점에서만 개인 재산을 평가하고 미래의 잠재적 수익이나 배당금은 일부러 묵과하며, 상속을 받은 기업의 미래 수익도 마찬가지다. 조세제도가 온통 허점투성이다. 월초에 갖고 있는 돈을 바로 다 써버리면 소득세 과세를 피할 수 있다는 것이나 마찬가지다.

독일에서 2022년 한 해에만 24건의 상속에서 감면된 세금이 총 14억3천만 유로였다.[49] 현행법을 위반하는 상속자는 극소수에 지나지 않고, 대부분의 상속자는 지나치게 복잡한 기존의 법적 제도와 허점을 별 죄의식 없이 악용한다.

조세제도가 출생 복권의 당첨자에게는 다방면으로 조세 감면 혜택을 베풀어주면서 월급쟁이의 급여에는 전액 과세하고, 실업급여에도 한 푼까지 꼼꼼하게 감시하는 건 부당하다. 상속자는 감면 혜택을 받아 불로소득을 얻을 수 있고, 사회보장제도가 가난한 사람들에게 보장해주는 건 최저생계비뿐이니 불평등이 심각해 보인다. 정치는 이 문제에 왜 그렇게 소홀하고, 국고에 수십억 유로의 구멍을 내는 결함을 고칠 생각은 하지 않을까?

이는 상속세 강화에 반대하는 주장이 목소리를 높이고 있기 때문인지도 모른다. 예를 들어, 이미 이전에 한 번 과세된 자산에 대해 세금을 왜 또 납부해야 하느냐고 질문한다.[4] 이 질문에서 두 가지 잘못된 전제가 분명하게 드러난다.

첫째, 이 질문에는 한 세대의 소득세가 이후 모든 세대의 사회에 대한 부채를 상쇄한다는 오해가 숨어 있다. 이런 생각이 얼마나 터무니없는지를 기술창업가 마틴 로덴버그가 백악관 기자회견에서 상속세에 관한 의견을 제시하며 분명하게 설명했다. "제가 누리는 풍요는 온전히 제가 열심히 일해서 얻은 결실이 아닙니다. 튼튼한 경제를 바탕으로 정부에서 많은 사람에게, 그리고 저에게도 많은 투자를 한 덕분입니다"라고 말문을 열었다. 그는 자기에게 교육을 제공한 공립 학교, 무럭무럭 커가는 지식욕을 충족시켜주었던 공공 도서관, 대학 교육을 받을 수 있도록 지원해준 국가, 최첨단 기술 산업에 도전할 수 있게 뒷받침해준 국가 지원 연구와 인프라, 회사 직원들이 누린 국가 장학금 혜택 등을 언급했다. 그리고 그는 "그러면 저는 상속세를 내야 할까요?"라고 질문했다. 그리고 결연하게 "네"라고 대답했다.[50]

---

4   우리나라도 세금에 대한 의견은 다양하다. 특히 상속세와 증여세에 대해서는 세계 최고 세율이라는 지적도 있다. 2024년 9월에 개정된 "상속세 및 증여세법"은 국가법령정보센터의 자료를 참고하라(https://www.law. go.kr/%EB%B2%95%EB%A0%B9/%EC%83%81%EC%86%8D%EC%84%B8 %EB%B0%8F%EC%A6%9D%EC%97%AC%EC%84%B8%EB%B2%95).

상속세는 이중과세가 아니냐는 질문에 내재된 두 번째 전제는, 수입에 여러 번 과세되는 것은 일반적이지 않고 솔직히 이치에 어긋난다는 것이다. 하지만 이것이 현대 사회에서는 정상이다. 독일에서 가장 일반적인 근로자를 예로 들어보자. 세후 급여에서 월세를 지불한다. 그러면 부동산세를 직간접적으로 납부한 것이다. 나머지로 식료품, 의복, 책을 구입하면서 매번 부가가치세를 납부한다. 친구와 작은 주점에서 식사하거나 식사 후 담배를 피운다면, 주세와 담배세를 내는 것이다. 이런 목록은 끝도 없이 이어진다. 우리가 번 돈은 계속 다양한 경로를 통해 국세청으로 보내지고, 각 세금 항목마다 고유의 조세 구조가 있다.

일반 근로자는 이미 세금을 낸 후의 소득 금액에서 이 추가적인 세금들을 계속 지불한다. 막대한 자산을 상속받은 사람들은 이런 과정을 겪지 않는 것이다. 이를 통해서도 불평등은 계속 심화한다.

이 밖에 상속세에 대한 반대 주장에는 기업의 채산성 문제도 언급된다. 상속세는 사옥, 기계설비, 특허권 등으로 구성된 기업의 자본 재산에 손해를 입혀 결국 기업의 생존과 기업에서 일하는 근로자들의 생존을 위협할 수 있다는 것이다. 하지만 이런 궤변도 잘못된 생각이다. 우선 억만장자라고 하면 자산이 증가하고 이를 재투자하는 기업의 소유주나 상속자를 떠올리지만, 이런 이미지는 오늘날 매우 미화된 것이다. 독일 억만장자가 소유한 자산의 5분의 1은 기업과 상관이 없다. 가족이 소유하고 있는 기업 중 절반

조금 넘는 정도만 가족이 직접 운영한다.[51] 따라서 수십억 유로의 자산이 기업의 투자나 일자리 창출에 직결될 것으로 생각해선 안 된다.

또 채산성을 걱정하는 궤변론자들은 상속세로 인해 기업에 수습이 불가능한 부담이 생긴다고도 생각한다. 하지만 결국 거의 모든 기업이 설립 순간부터 다양한 종류의 채무와 씨름한다. 일반적으로 사업을 시작하자마자 대출을 상환해야 하고, 대출 이자는 부담을 가중시킨다. 그런데도 기업은 살아남을 뿐 아니라 발전하고 성장하고, 수익을 창출하고 이 수익으로 지속적으로 재투자할 수 있다. 이미 초기에 큰 재정 위기를 성공적으로 헤쳐 나왔고 성공적인 투자 전략을 입증한, 기초가 튼튼한 회사가 상속세를 내야 한다면, 상속세로 인해 파산 직전에 이르거나 그 이상의 위기가 벌어질 수 있다고 가정하는 것은 다소 무리가 있다. 또 이런 세금은 대출 상환이나 대출이자처럼 장기간에 걸쳐 조금씩 나누어 납부할 수 있다. 견실한 기업이 아니라면 누가 그런 분할 납부를 충실히 해낼 수 있겠는가?

회사 소유자가 사망한 후 회사가 다른 사람의 손으로 넘어가는 경우, 허점이 없는 공정한 상속세는 어떤 것이어야 할까? 간단한 해결책은 최저 15%의 상속세를 부과하고, 500만 유로를 초과하는 기업 자산에 대해 예외 없이 적용하며, 20년에 걸쳐서 거두어들이는 것이다. 이렇게 하면 오랜 기간 해마다 발생하는 수입으로 상속세를 납부할 수 있기 때문에 자본금은 분명 그대로 유지될 것이다. 상속세를 회사 주식으로 지불하는 것도 생각해 볼 만하다. 그러면 국가는 회사의 조용한 주주가 될 데고, 이 주식은 시간이 흐르고 나서 상속자가 도로 사들일 수 있다.

그러면 개인 자산을 상속하는 경우는 어떻게 해결하면 될까? 한 가지 생각해 볼 만한 건, 100만 유로 이상의 상속액에 대해 기본세율 15%의 세금을 부과하고, 여기에서 자산의 가치를 평가할 때 주된 거주지의 가치는 포함하지 않는 것이다. 이 세율은 상속금액에 따라 인상되어 최고 세율은 90%가 되며, 이 세율은 5천만 달러 이상의 어마어마한 자산에 적용된다. 이 세금도 단번에 납부하는 것이 아니라, 20년에 걸쳐 납부하게 하는 것이다.

여기에서 다루고자 하는 문제는 단순히 상속받은 재산에 과세하자는 것이 아니다. 관건은 재산의 일부를 그 재산의 산실인 사회에 환원하는 방법을 생각하는 것이다. 잘 생각해보면, 재산은 어떤 경우에도 혼자 저절로 증식하지 않는다. 사회 서비스, 사회 제도, 사회 기반 시설을 바탕으로 재산이 불어나며 여기에는 예외가 없다. 막대한 금액이 이렇다 할 통제를 받지 않고 한 세대에서 다음 세대로 대물림되는 사이에, 이 사회를 구성하는 데 꼭 필요한 수입이 새고 있다. 공공 서비스와 인프라에 자금을 조달하고, 무엇보다도 에너지 전환에 시급하게 투자해야 한다. 간단히 말해서, 공공의 이익을 위해 자금이 쓰여야 하고, 무엇보다 심화하는 불평등을 완화할 수 있어야 한다.

법인세 인상은 혁신의 걸림돌이다?

상속자가 내야 하는 세금이 너무 적다. 그런데 기업의 경우엔 세금을 거의 한 푼도 내지 않는다. 적어도 우리가 일반적으로 상상하는 것과는 다르다. 근로자를 생각해보자. 납부해야 할 세금은 근로소득에서 원천징수되고, 인터넷으로 물건을 사고 계좌이체를 할 때도 이미 부가가치세가 납부된다. 기업의 경우는 이와 다르다. 법인세 부담은 여러 곳으로 분산될 수 있다. 기업에 과세되면, 우선 기업의 주주들 수익이 감소한다. 하지만 주주들은 이렇게 감소된 수익을 여러 방식으로 전가할 수 있다. 근로자의 임금을 삭감하거나 인상을 저지해 근로자들에게 부담시키거나, 기업의 상품 가격을 인상하여 소비자에게 부담시키는 방법 등이 있다. 즉, 기업은 추가적인 세금으로 발생한 손실을 누구에게 부담시킬지를 선택할 수 있다. 기업이 법인세가 인상되어 임금 삭감이 필요하다는 논리를 다시 편다면, 이 점을 깊이 생각해봐야 한다.

전 세계 각 나라는 지난 수십 년간 '합법적인 조세 회피'를 적극적으로 부추겼다. 규제 완화가 경제 활성화를 지원한다고 굳게 믿기 때문이다. 이로써 전 세계가 규제 기준을 점점 더 낮추는 '바닥을 향한 경주'에 나섰고, 그 결과 법인세율은 계속 내려갔다. 몇몇 국가들이 다국적 기업에 법인세 부담을 줄여주기 시작하자 다른 국가들도 뒤따라서 경쟁국들보다 법인세율을 더 낮췄다. 대기업이 자국에 투자하고, 일자리를 창출하고, 경제 발전에 도움이 될 것이라고 기대했기 때문이다. 실제로 법인세 인하로 이득을 본 건 기업뿐이었다. 모든 중소기업이 자기 몫의 법인세를 해마다 꼬박꼬박 내는 반면, 다국적 기업은 사회에 진 자기 빚을 가급적 갚지 않으려고 최선을 다한다. 이런 식으로 그들은 경쟁력을 높이며 입지를 넓혀가고, 궁극적으로 시장을 독점한다. 특히 주요 글로벌 기술 기업이 느슨한 세법 규정을 거리낌 없이 악용해왔다.

그러는 사이 경제 상황은 정부의 계산대로 풀리지 않았다. 규제를 완화했지만 경제 활동은 둔화되었다. 세계는 거물급 기업인들이 가장 유리한 세금 혜택을 받으려고 이 나라 저 나라로 말을 움직이는 커다란 체스판이 되었다. 수십억 달러의 수익이 외국에 쌓여 있어도 당국은 전혀 모르거나 아주 조금밖에 파악하지 못한다.

기업들은 사회적 책임을 회피하려고 국제 조세 규정의 허점, 조약, 빈틈을 마음껏 이용했다. 가장 널리 이용하는 방법은 법인세율이 낮은 국가에 자회사를 설립하는 것이다. 이런 자회사를 통해 상품을 판매하고 서비스를 제공한 국가, 즉 가치를 창출한 국가에서 수익을 치밀하게 빼돌린다. 그 나라의 공공 인프라, 국가가 보장하는 법적 권리, 공공 교육기관에서 훈련받은 인력의 도움을 받았음에도 세금을 안 낼 방법만 찾는다.

전 세계 수백만 명의 고객을 상대로 가젯, 소프트웨어, 온라인 서비스를 판매하는 디지털 대기업을 상상해보자. 실제로 판매가 이루어진 나라들에서 매출을 기장하지 않고 조세 회피처에 있는 자회사에서 이 수입을 기장한다. 이렇게 하면 이 수입은 사람들이 그전에 대량으로 '구매하기'를 클릭한 국가의 세무 당국 법망에서 벗어난다. 바로 이렇게 기업 본사에 있는 연금술사들에 의해 과세 대상 수입이 누구의 손도 닿지 못하는 보물로 변해버린다.

바로 그만큼의 엄청난 손실이 발생해서 국제통화기금의 추산에 따르면, 이에 따른 OECD 국가들이 입는 피해액이 연간 약 4천억 달러에 달한다.[52] 특히 법인세 세수에 의존하는 가난한 나라들이 입는 타격은 더 심각하다.

어떻게 이런 식의 흉악한 계략이 합법적일 수 있을까? 이제 국제 세법은 정말 미로라 해도 과언이 아니다. 하지만 국제 조세 전문 변호사와 회계사 들의 지식은 탁월하다. 매우 많은 변호사와 회계사가 대기업에 고용되어 여러 나라의 세법에서 허점을 찾고 발견하며, 국가 간 공조가 부실한 지점을 악용한다. 많은 규정이 만들어졌던 당시는 국경을 넘나드는 무역, 특히 디지털 무역이 아직 세계 경제를 이끌고 가는 성장 동력이 아니었기 때문에, 그 규정들은 현재 복잡하게 운영되는 다국적 기업과 이들의 경제에는 결코 적합하지 않다.

전 세계 국가들이 이 사실을 깨닫기 시작했다. 기업의 조세 회피로 인해 국고에 구멍이 나서 좋은 학교와 유치원, 병원, 철도망 확충과 유지관리, 도로 정비에 급하게 필요한 돈이 부족해지는 정도에서 그치는 것이 아니라, 대기업이 수십억 유로를 아끼는 동안 납세 의무를 충실하게 이행하는 중소기업이 많은 기회를 잃어버리게 된다는 사실을 처절하게 인식하게 되었다. 점차 각국 정부는 실제로 가치가 창출된 곳에서 세금을 부과하는 규정을 마련하려고 더욱 힘써 노력하고 있다. 2021년 138개국이 법인세율의 글로벌 최저한도를 15%로 정하는 국제조세법 개정에 합의했다. 이 아이디어를 고안한 사람 중 하나가 독일 총리 올라프 숄츠다.

예를 들어, 조세 회피처에 있는 자회사의 수익에 겨우 5%밖에 안 되는 실효세율로 세금이 매겨진다면, 모기업이 소재한 국가가 글로벌 최저 법인세율 15%에 근거해 자기업의 수익에 10%의 세율을 적용한 세금을 추가로 부과할 수 있다. 이런 방식으로 조세 회피처에서 발생한 수익이 기장만 되고 마는 것이 아니라, 이제 15%의 실효세율 적용 대상이 될 것이다. 이 세금은 연 매출이 약 200억 달러에 달하고, 수익이 매출의 10%를 초과하는 다국적 대기업만 납부하게 될 것이다.

이 제도를 통해 국가 수입이 직접적으로 늘어나기도 하지만, 중기적으로는 조세 회피를 예방할 수 있다. 어차피 세금을 내야 한다면, 수익이 발생한 곳에 직접 내야 하지 않을까?

글로벌 법인세 최저세율 도입은 비록 시행이 지체되고 있지만, 첫발을 내디딘 것이다. 이다음으로 더 많은 진전이 필요하다. 최저 법인세율을 25%로 인상하면, 기업의 수익을 법인세율이 낮은 국가에 쌓겠다는 생각이 더 줄어들 것이다. 그리고 이는 국가 예산에 상당한 추가 세수가 생긴다는 뜻이 된다. 15%의 법인세율을 적용하면 약 2200억 달러, 25%의 법인세율을 적용하면 5천억 달러에 달할 것이다. 이 조치는 비참여국에서 들어온 수입품에 대해서는 관세를 부과하는 방식으로 보완하여 무역 왜곡을 피해야 한다.

기후 정책은 계급 투쟁이다?

2018년, 프랑스의 여러 지역에서 약 26만 명의 사람들이 거리에 모여 탄소세 도입에 항의하는 시위를 벌였다. 탄소세로 인해 석유와 연료의 가격이 오른다는 이유였다. 포퓰리즘적인 '노란 조끼' 저항운동은 정치 및 경제 체제에서 실패자라고 느끼는, 그리고 실제로도 소외된 사람들의 마음을 사로잡았다. 그들이 보기에 물가 인상과 임금 동결로 자신과 가족의 미래에 그늘이 드리워질 것이 뻔했다. 이 시위에서 우리가 알아야 할 것이 있다. 여러 연구에 따르면, '노란 조끼' 시위대는 결코 기후위기를 모조리 부인하거나 환경 문제를 반대하는 사람들이 아니다. 그들에게 동조한 사람들도 무조건 탄소세에 반대하진 않았다. 그들이 반대하는 건, 그들이 거부하지만 얼마 지나지 않아 부과되기로 결정된 프랑스의 특정 세금이었다. 환경 개혁과 사회 개혁은 항상 긴밀하게 연결되어 있기 때문에 각기 따로 논의되어선 안 된다.

이미 2장에서 설명했듯이, 탄소세의 일반적인 목표에는 중요한 의미가 있다. 우리의 생존 기반을 파괴하기 때문에 우리가 덜 소비해야 하는 상품 가격에 이 상품으로 인해 발생한 피해를 해결하는 데 드는 '진정한' 비용을 반영해야 한다는 것이다. 예를 들어, 뮌헨에서 베를린으로 가는 비행기표가 기차표보다 저렴해선 안 된다.

하지만 사회적 요소를 고려하지 않는 경우가 잦다. 일괄적으로 부과되는 세금은 우선 가난한 사람들에게 큰 부담이 된다. 부유한 사람들에게는 휘발유가 리터당 1.5유로에서 2유로로 올라도 별 영향이 없다. 어떤 값이든 그들의 소득에서 상당히 작은 부분일 뿐이다. 하지만 한푼 두푼 따져야 하는 사람들에게 그 정도의 가격 인상은 커다란 부담이 된다. 그리고 우리의 경제 시스템이 공정하지 않게 돌아간다는 느낌을 강하게 받는다.

탄소세는 일반적으로 퇴행적인 요소가 있고 많은 사람에게 지나치게 경제적 피해를 준다. 하지만 이에 대한 해결책이 있다. 거둬들인 돈을 통상적인 나라 살림에만 쓰지 않고 특별한 용도로 모아놓을 수 있다. 그리고 이렇게 모인 자금을 모든 국민에게 다시 흘러 들어가게 하는 것이다. 고소득자는 일반적으로 많이 소비하고, 그래서 더 많은 이산화탄소를 배출하기 때문에, 역시 더 많은 돈을 내게 된다. 하지만 배당금을 받을 때는 다른 사람들과 같은 액수를 받는다. 그리고 덜 소비하는 저소득자는 자기가 낸 돈보다 더 많은 배당금을 받는다. 그러면 환경친화적인 행동이 보상받고, 사회 불평등도 완화된다.

이렇게 '수수료와 배당금'을 조합하면, 화석연료의 가격이 인상되더라도 가난한 사람들은 탄소세 때문에 지나치게 힘들어지지 않을 것이다(유명한 기후 연구자이며 탄소세 도입을 주장한 제임스 한센은 전략상의 이유로 '세금'이라는 단어를 가능한 한 쓰지 않으려고 했다). '수수료'는 재생 에너지의 경쟁력을 개선하는 데 도움이 될 것이고, '배당금'은 가급적 공정한 사회 구조를 마련할 것이다. 하지만 배당금만으로는 충분하지 않다. 빈곤층 가정에는 추가 지원이 필요할 것이다. 가스나 석유 난방을 하고 단열이 잘 되지 않는 낡은 집에 사는 사람은 에너지를 많이 소비하지만, 대개는 집을 리모델링하거나 재생 에너지 난방장치로 교체할 여력이 없다.

그리고 가격 인상은 화석연료 하나에서 끝나지 않을 것이다. 생산 과정에서 얼마나 많은 화석 에너지가 소요되는지에 따라 다른 많은 재화의 가격도 상승할 것이고, 그중에는 커다란 생태발자국을 남기는 식품도 있을 것이다. 이는 한편으로 농장 지역화라는 긍정적인 결과를 가져올 수 있다. 생태계 위기를 해결하려는 문제에 있어서는 별다른 뾰족한 대책이 없다. 오늘날 산업형 농업은 천연가스에서 추출한 비료를 엄청나게 많이 사용할 뿐 아니라 기후 위기의 주요 원인 중 하나이며, 삼림을 벌채하고 생물다양성의 손실을 초래하기 때문이다.

하지만 먹거리의 가격 인상을 걱정해야 하는 상황에서 배당금 없이 수수료 제도를 도입하는 것은 상당히 어리석은 일이 될 것이다. 결국 기후 정책이 계급 투쟁으로 번지고 말 것이기 때문이다. 이 사실을 조세 부담에 저항한 '노란 조끼' 운동이 여실히 보여주었다.

독일에서는 사회적 책임을 담당하는 '기후 화폐'에 대한 논의가 한창 진행 중이다. 이제까지 이런 노력은 배당금 지급을 고려하는 과정에서 기술적 어려움이 있을 뿐 아니라 시행 의지가 부족한 탓에 좌초되었다. 그래서 다른 국가들에 비해 이미 많이 뒤처져 있다.

예를 들어 스위스는 2022년에 탄소세로 약 12억 유로를 거둬들였다. 이 세수의 일부는 주정부와 연방정부가 오래된 건물을 에너지 절약형 건물로 리모델링하고 난방 시스템을 현대화하는 데 쓰이고, 일부는 기술보증기금을 통해 기업 혁신을 장려하는 데 쓰인다. 세수의 약 3분의 2는 국민과 경제에 재분배된다. 모든 국민은 각자 소비한 에너지 양과 상관없이 동일한 금액을 수령하고, 이 업무는 건강보험공단이 담당한다. 현재는 이 금액이 매우 적지만 탄소배출권의 가격이 오를수록 배당금도 점점 늘어날 것이다.

단, 탄소 가격이 오르는 것보다 탄소 배출량이 더 빠르게 줄어
드는 경우, 배당금은 다시 줄어들기 시작할 것이다. 정확한 분배
메커니즘이 어떻게 되든지 간에, 징수된 탄소세를 국민의 은행 계
좌에 직접 지급하는 일은 이 제도의 성공을 좌우하는 중요한 전제
조건이다. 해마다 '기후배당금'이라는 추가 소득을 얻는 사람들은
탄소세를 매우 긍정적인 시각으로 바라볼 것이다. 탄소세는 개인
에게 직접적으로 이득이 되는 최초의 세금이 될 수 있기 때문이다.
이런 재분배 메커니즘이 없다면, 포용적 사회로의 이행이 더뎌지
고 불평등이 증가할 뿐 아니라 "일부를 돌려주어야 한다"고 주장
하는 정책 결정자들이 처음으로 제안한 탄소세 시행에도 어려움
이 따를 것이다.

민주주의의 기반은 공정한 조세 체계다

이제까지의 모든 조세 방식은 각국 정부의 혁신에 필요한 자금
을 제공하는 동시에 사회 구성원 간 신뢰를 돈독하게 해주는 공정
한 조세 체계를 도입하기 위해, 우리가 개편할 수 있는 과세 제도
중 일부에 지나지 않는다. 이 밖의 방법으로, 금융거래수수료는 금
융시장에서 거액을 움직이는 극소수 사람들에게만 부담이 될 것

이다. 최고 경영자의 급여를 그 기업에서 가장 낮은 임금을 받는 근로자의 급여보다 최대 20배로 제한할 수도 있다. 급여를 많이 받으면 당장은 경영자 자신에게 이익이지만 장기적으로는 인간과 환경에 해가 되는 행동, 탄소를 낳이 배출하는 행동을 하기 때문이다. 자사주 매입에 과세하는 정책은 기업이 임금이나 연구, 개발에 더 많이 투자하는 방향으로 이끌 수 있다.

수익에 과세하는 지금과 달리 자원 소비에 과세하는 방식으로 전환하는 방법도 있다. 예를 들어, 사용할 수 있는 양이 한정된 광물에 세금을 부과하면, 이 자원을 더 신경 써서 다루게 될 것이다. 물론 그러기 위해선 아직 원자재 추출을 바탕으로 경제 발전을 이루고 있는 저소득 국가의 숨통을 조이지 않도록 별도의 규정을 마련해야 할 것이다.

우리가 이 외에 어떤 방식을 사용하든 마찬가지다. 자산에 과세하지 않고는 사회가 감당할 수 있는 방식으로 이런 혁신에 자금을 지원하기 어렵다. 이를 위해서 우리에게 필요한 사회적 포용성을 증진해야 한다. 앞서 우리는 논의를 일종의 계급 투쟁, 즉 '우리 대 그들'로 좁히는 것은 온당치 못하다는 것을 알았다. 이것이 온당치 못하다는 건 '애국적 백만장자' '인류애를 위한 백만장자' '지금 나에게 과세하라' 등의 단체를 조직한 수많은 슈퍼부자들이 '동료 백만장자와 동료 억만장자'에게 발표한 호소문을 보아도 알 수 있다. "신뢰는 제대로 작동하는 공정하고 개방적인 민주주의, 즉 좋은 서비스를 제공하고 모든 국민을 지원하는 민주주의가 책임을 다할 때 생긴다. 그리고 튼튼한 민주주의의 기반은 공정한 조세체계다."[53]

부유세는 실현 가능하고 유익하다. 심지어 부유세를 내는 사람의 입장에서도 이득이 된다. 국가의 추가 세수에서 혜택을 받는 사람들의 경우는 더 말할 나위가 없다. 가뭄, 기상이변, 해수면 상승으로부터 보호받을 수 있는 사람, 안정적이고 깨끗한 에너지를 사용할 수 있는 사람, 밀집된 근거리 교통망을 이용할 수 있는 사람, 깨끗한 공기를 호흡할 수 있는 사람, 위기에 처했을 때 촘촘히 짜인 사회 안전망의 도움을 받을 수 있는 사람, 외부의 침략과 파괴로부터 경찰과 군인의 보호를 받을 수 있는 사람, 공립학교와 대학에서 우수한 교육을 받을 수 있는 사람들이 모두 해당한다.

사회적으로 공정하고, 지속가능한 환경을 조성하며, 보편적으로 적용할 수 있는 조세 체계를 구축하기 위해 부유세가 유익하다는 사실을 널리 알리고 다수의 동의를 얻는 것, 이것이 오늘날 조세 정책이 해결해야 할 큰 도전이자 가장 중요한 임무다.

5장
다른 해결 방안은 없을까?

신속한 생태계 전환이 이루어지려면 인프라, 기술, 상품, 서비스에 막대한 투자, 하지만 정부가 감당할 수 있는 정도의 투자가 필요하다는 사실을 간과할 수 없다. 세금은 국가가 운신의 폭을 넓히고 사회적 불평등을 완화하는 데 필요한 특효약이지만, 세금이 유일한 수단은 아니다. 각국 정부는 모든 가용 수단을 활용해야 한다.

차입부채: 논란의 여지는 있지만 필요하다

국가가 돈을 빌리는 일은 일반적이고 적법한 관행이다. 최근 각국 정부는 절박한 위기 상황에 대응하기 위해 여러 차례 막대한 돈을 풀었다. 독일만 보더라도 2008년 글로벌 경제위기나 코로나19 팬데믹을 극복하기 위해 단기간에 수천억 유로를 조달했다.

이런 정책을 둘러싼 논쟁은 당연히 이데올로기적 색채를 띠지 않을 수 없다. 국가 부채를 늘리는 정부는 국가 부채로 미래 세대에게 과도한 부담을 지우고 인플레이션을 유발한다는 비판을 피할 수 없다. 물론 후손을 염려하는 건 분명 존경받아 마땅하다. 하지만 지금 우리가 사회적·환경적 재앙을 예방하고 후손에게 살 만한 미래를 보장해주기 위한 투자를 포기한다면, 그것이야말로 그들에게 민폐를 끼치는 일이 될 것이다.

정말로 미래 세대가 마음에 걸린다면, 지금 우리는 국가 부채가 늘어나는 한이 있더라도 행동에 나서야 한다. 빌린 돈이 흔적도 없이 사라지는 게 아니라서 오늘의 부채는 그 이상의 가치를 발휘할 것이기 때문이다. 부채 덕분에 이루어진 투자로 미래 세대가 큰 혜택을 누릴 수 있다. 대부분의 젊은이에게는 균형 잡힌 나라 살림보다 살기 좋은 지구가 더 중요할 것이다. 또한 연방헌법재판소에서 2021년에 내린 판결은 우리가 나아갈 올바른 방향을 제시하며, 미래 세대의 손을 들어주었다. "독일 기본법은… 모든 세대가 공평하게 자유를 누릴 기회를 제공할 의무가 있다." 모든 세대에게 공정한 재정 정책이란, 야심 찬 기후 보호 조치를 착수하는 것을 의미하고, 헌법재판소에서 판결한 것처럼 "생명의 토대가 되는 자연을 소중하게 다루고, 미래 세대가 과도한 탄소 감축 부담을 지지 않고도 보존할 수 있는 상태의 자연을 후손에게 물려주어야 한다"는 내용도 포함한다. 국가 부채는 미래 세대의 운신의 폭을 제한하지 않지만, 융통성 없는 국가 부채 제동장치는 제한한다.

국가 부채가 무조건 인플레이션을 부른다는 주장도 설득력이 없다. 돈을 빌려서 에너지 전환 정책을 추진하거나 이밖에 수익성은 없어도 반드시 필요한 투자를 한다면, 이 돈은 기존의 생산 능력에 흘러 들어간다. 즉, 풍력발전기 건설을 위한 인건비, 태양광발전소 확대에 필요한 자재 등에 쓰이기 때문에 인플레이션을 부추기지 않을 것이다. 우리에게 부족한 건 돈이 아니라 자원이다. 추가 자금이 상품이나 서비스 생산이 아닌 다른 곳에 투입되는 경우에만 인플레이션 압력이 커질 것이다. 세계 대공황 이후 추진된 미국의 뉴딜 정책과 같이 인프라 프로젝트에 정부가 대규모 재정 지출을 한 역사적 사례를 보면, 신중한 투자는 경제 성장을 촉진하고 일자리를 창출하면서도 하이퍼인플레이션을 부르지 않음을 알 수 있다. 존 메이너드 케인스는 이를 다음과 같이 간결하고도 명확하게 표현했다. "우리가 실제로 할 수 있는 것 중에서 돈이 부족해서 못하는 건 하나도 없다. 한번 만들어놓으면 그대로 있다. 그 무엇도 우리한테서 다시 빼앗아가지 못한다."[54]

게다가 부채가 반드시 큰 부담이 되지도 않는다. 상황에 따라서 부채는 국가의 수입을 늘릴 수도 있다. 국채를 매입하는 투자자는 정부에 일정 기간 돈을 빌려주고 이자 수익을 올린다. 2022년 이전 10년 만기 채권의 수익률이 마이너스였을 때, 독일은 채권을 발행해 수십억 유로를 벌었다.[55] 금리가 낮았을 때 독일이 채권을 더 많이 발행했다면, 더 많은 사람이 채권을 매입했을 것이다. 경제 불확실성이 높은 시기에는 사람들이 국가를 안전한 피난처로 보기 때문이다.

요즘은 국가 부채가 다시 큰 부담이 되었다. 하지만 그렇다고 독일이 높은 부채율 때문에 몇몇 에너지 전환 목표를 달성할 수 없다는 뜻은 결코 아니다. 막대한 투자가 필요한 시기에 국가 부채 제동장치는 오히려 커다란 걸림돌이 된다. 이 규정이 얼마나 경제에 해를 끼치는지는 2023년 11월의 연방헌법재판소 결정문을 보면 알 수 있다. 헌법재판소는 신호등 정부(빨간색의 사회민주당, 녹색당, 노란색의 자유민주당으로 구성된 연립정부를 이르는 말-옮긴이)가 미래 과학기술에 투자하기 위해 설치한 특별 기금인 기후변화기금이 위헌이라는 결정을 내렸고, 이로써 연립정부의 활동반경이 좁아졌다.

독일의 국가 부채 제동장치와 비슷한 재정 정책이 유럽연합에도 있다. 이른바 마스트리히트 기준Maastricht-Kriterien(마스트리히트는 네덜란드의 도시-옮긴이)에 의해, 유럽연합 회원국들은 국내총생산 대비 재정 적자는 3%를 초과해선 안 되고, 국가 부채는 최대 60%로 제한해야 한다. 하지만 이는 경제적 정당성을 따져보지 않은 완전히 임의적인 기준이다. 특정 시점에 차입을 제한하는 자연적인 한계도 경제 법칙도 없다.

저소득 국가의 상황은 이와 다르다. 과도하게 국가 채무가 증가하면 대규모 자본 도피가 일어날 수 있다. 투자자와 금융기관이 자산을 통학가치가 안전한 외화자금으로 교환하거나 해외 투자처로 자본을 이전시키려 하기 때문이다. 따라서 저소득 국가는 이 이전 과정에 필요한 자금을 조달하려면 부유한 나라로부터 외환 송금을 받아야 한다. 포괄적 부채 탕감이나 국제통화기금IMF이 발행하는 국제 준비 자산인 '특별인출권'과 같은 메커니즘을 확대하는 방안도 저소득 국가들에게 큰 도움이 된다.

우리는 국가 부채에 관한 이념적·도덕적 논쟁을 마침내 뛰어넘고 합리적으로 행동해야 한다. 이는 국가 부채 제동장치를 본격적으로 개혁하여 미래에 대한 투자에 걸림돌이 되지 않도록 해야 한다는 뜻도 된다. 왜냐하면 이 외에도 생태 전환에 필요한 자금을 조달하려면 많은 차입금이 필요하기 때문이다. 코로나19 팬데믹이나 러시아의 우크라이나 침공 같은 상황에 조성된 특별 기금을 보면, 대규모 자금을 동원하는 일이 그다지 어렵지 않음을 알 수 있다. 다른 상황에서 자금 동원을 저지한다면, 그것은 경제 법칙에 따른 결정이 아니다. 그것은 정치적 결정이다.

화폐 발행: 평범하지 않은 시기의 평범한 도구

부유한 국가들은 자본 시장에서 돈을 빌리기보다는 그냥 '돈을 찍어내고', 이렇게 만들어진 추가 자금을 생태 전환에 투자할 수 있다. 이론적으로는 정부가 국책 사업에 필요한 자금을 의회에 대출해달라고 중앙은행에 요청할 수 있다. 이때 원칙적으로 수익 사업을 해선 안 된다. 수익을 올리고 있는 기업의 사업 분야에 영향을 미치지 않아야 하기 때문이다. 황금알을 낳는 거위가 일반인에게는 동화 속에나 있는 것이지만, 정부의 현실은 다르다. 과거 왕들이 일꾼에게 삯을 지급하거나 물품을 구입할 때 화폐를 새로 주조하라고 하명했던 것처럼, 오늘날도 정부는 금본위제와 같은 안전장치를 갖추지 않고도 가용 수입이나 부채에 제한되지 않고 지출할 수 있다. 정부는 돈을 지출하고 나서 돈을 새로 만들 수 있다. 예를 들어, 1930년대의 세계 대공황기에 미국 정부는 새 돈을 많이 찍어내서 많은 일자리를 창출한 대규모 국책 건설 사업을 지원했다.

'화폐 발행'(화폐 발행은 여러 가지 의미로 이해될 수 있다)은 시간이 흐르면서 계속 발전했다. 경제학에서 논의할 때는 대개 '양적 완화'라고 표현된다. 이는 중앙은행이 자유자본시장에서 장기 국채나 기타 담보 등의 금융자산을 매입해 경제를 부양시키는 통화 정책 수단을 말한다. 중앙은행은 이 금융자산을 구매할 때 매각 은행이 중앙은행에 개설한 '지급준비금 계좌' 잔액을 숫자로만 늘려주는 방식을 쓴다.

코로나19 팬데믹 기간 유럽과 미국 및 기타 지역의 중앙은행이 한 일이 바로 이것이다. 통화 공급 확대가 2022년과 2023년에 높은 인플레이션을 유발했다는 비판이 있지만 이런 주장은 사실이 아니다. 인플레이션은 근본적으로 러시아의 우크라이나 침공이후 에너지 가격이 급등하고, 전반적인 인플레이션 국면에서 손쉽게 수익을 올릴 기회를 포착한 기업들이 인위적으로 물가를 인상시킨 탓이었다. 부채 문제와 마찬가지로, 경제가 노동력을 포함하여 충분한 능력을 갖고 있어서 새로운 자본을 광범위하고 의미있게 사용할 수 있다면, 통화 공급이 확대되더라도 대규모 인플레이션을 유발하지 않을 것이다. 통화 공급이 늘어나도 생산 능력이 있다면 상품과 서비스 수요가 공급을 초과하지 않기 때문이다.

따라서 판매 시장이 생산적이라면, '양적 완화'가 생산을 증가시키고 경제 성장을 이끌 수 있으며, 반드시 인플레이션을 수반하지는 않을 것이다. 물론 양적 완화로 생긴 지출이 공익에 도움이되게 하려면 신중한 정책이 필요하다. 그렇지 않으면 실제로 인플레이션을 가속화시킬 수 있다. 예를 들어, 추가 자금이 수익률을극대화하는 데에만 관심이 있는 투자자들의 잇속만 챙겨주어선안 된다. 일례로 2008년 금융 위기 이후에는 금이나 예술품과 같은 부동산과 사치품이 최고 투자 수익을 보장했기 때문에 돈이 생산적인 경제에 재투자되지 않고 이들 투자처로 흘러 들어갔다. 기업과 은행도 부동산 투자로 현금 흐름을 통해 수익을 늘렸다.

에너지 전환과 그 외 생태 전환 프로젝트에 필요한 자금을 확보하려면 양적 완화 정책을 시행해야 한다는 논의가 많이 이루어지고 있다. 이러한 '생태계를 위한 양적 완화 정책'은 여러 가지 방식을 취할 수 있다. 예를 들어 중앙은행은 전략적으로 녹색 채권을 매입할 수 있다. 하지만 그러려면 독일에서 적용되는 규정을 개정해야 할 것이다. 왜냐하면 현재 중앙은행의 독립성을 보장하여 그 어떤 정치적 요구에도 휘둘리지 말고 임무를 수행해야 한다는 규정이 있기 때문이다. 실제로 정부가 정치적 목적을 위해 양적 완화를 통해 정부가 원하는 프로젝트를 시행하거나 많은 양의 돈을 찍어내 인플레이션을 유발할 위험도 있다는 것을 부인할 수 없다. 그래서 재생 에너지에 보조금을 지급하거나 국가 에너지 자원의 다변화에 자금을 지원하는 양적 완화 조치도 독일과 유럽에서 상당한 반대에 부딪힐 수 있다.

다른 나라에서는 조금 더 적극적인 태도를 취하면서 막대한 투자를 통해 미래 산업의 경쟁력을 강화하고, 세계 시장에서 입지를 넓혀가고 있다. 중국은 2009년부터 2022년까지 13년 동안 전기차 산업에 290억 달러 규모의 지원금을 투입했다. 중국 정부의 목표는 분명했다. 중국의 전기차 산업을 세계 1위로 올려놓겠다는 것이었다. 그리고 이 목표는 달성되었다.[56] 정부의 영향력 덕분에 중국 기업들은 성능을 극대화하면서 중국 고객을 위해 가격을 낮춘 모델을 개발할 수 있었다. 오늘날 중국 시장에서 전 세계 전기차의 절반이 판매되었다.[57]

복지에 대한 새로운 생각: 경제 체제를 바꾸자

공정한 조세 정책, 지속가능한 국가 채무, 유연한 통화 정책은 시급 눈앞에 닥친 위기를 극복하는 데 중요한 조치다. 일단 이런 조치는 무너진 경제 시스템의 버팀목 역할을 한다. 하지만 긴 시간을 놓고 보면 단순한 땜질식 처방으로는 아무것도 해결하지 못한다.

근본적인 문제를 장기적으로 해결할 방안을 찾고자 하는 움직임이 세계적으로 일어나고 있다. 어떻게 하면 경제를 국민을 위한 경제로 돌려놓을 수 있을까? 어떻게 하면 재산 보유 상황을 민주화하고 모두가 잘사는 사회를 만들어갈 수 있을까? 어떻게 하면 생산의 현지화 및 지역화를 촉진하고, 우리의 경제 체제가 지구의 한계를 넘어서지 못하도록 할 수 있을까?

지금 우리가 사는 시대는 특별하다. 과거에 거의 경험해보지 못했던 미래로 가는 길을 가능한 한 빨리 찾아야 한다. 동시에 비상 조치를 취하며 현재 상태를 조금 더 오래 유지하려고 노력하고 있다. 세상은 지난 수십 년간 이례적으로 빠른 속도로 변화했다. 그리고 이 속도는 계속 빨라지기만 할 것이다. 기후가 극적으로 변화함에 따라 이제 우리는 식량 생산, 에너지 소비, 이주, 안전에 대해 새로운 생각을 해야 한다. 전체 산업이 근본적으로 변화하여 기존 일자리가 상당수 더 이상 필요 없어지고, 빈자리를 다른 일자리가 대신할 것이다. 디지털화와 인공지능은 우리 근무 환경을 완전히 바꾸어놓을 뿐 아니라 창의성과 의식이 도대체 무엇인지 다시 생각해보게 만들 것이다. 앞으로 펼쳐질 이런 미래는 우리를 불안하게 만든다.

정확히 어떤 미래가 우리에게 다가올지 아무도 모른다. 인간은 종종 역사를 잘못 예측하곤 했다. 1904년경 독일 황제 빌헬름 2세는 자동차를 '일시적인 현상'일 뿐 말을 대체하지 못하고 곧 사라질 것으로 치부했다. 자동차 개발의 선구자인 고틀리프 다임러조차도 1901년에 전 세계에서 자동차가 100만 대 이상 팔리지 않을 것이라고 내다보았다. 운전할 수 있는 사람이 많지 않을 것이라고 예상했기 때문이다.

지금 우리가 확실하게 알고 있는 것이 있다. 앞으로 10년 동안 단호한 조치를 취하지 않으면, 기후위기가 초래한 환경 파괴와 극심한 사회 불평등을 경험하게 될 것이다. 이는 또한 기존의 세금, 소득, 분배, 고용 시스템을 근본적으로 새롭게 생각해보아야 한다는 것을 의미한다.

지금까지 21세기 경제정책은 고용에 초점을 두었다. 오늘날 선진국은 사회에 정말 필요한 것에 노동력과 자본을 어떻게 투입할지, 생산의 결과물을 모두에게 공정하게 나누어줄 수 있도록 어떤 분배 시스템을 구축해야 할지를 질문해야 할 지점에 도달했다. 즉, 과거에는 파이 크기를 키우는 것이 중요했다면, 지금은 파이를 공정하게 나누는 것이 중요해졌다. 생산성 향상이 계속해서 주로 부유층에게만 이익이 되지 않게 하려면, 우리는 경제 체제를 민주화해야 한다. 이는 점점 더 중요해지고 있다. 우리가 20세기에 극복했다고 믿었던 결핍이 코앞에 닥친 시기이기 때문이다. 선진국 인구는 점점 줄어서 일하는 사람의 수도 줄어들고 있다.

이제까지 누린 풍요의 원천이었던 자연 자원이 고갈되고 있다. 머지않아 대기와 바다는 우리가 배출하는 온실가스를 더 이상 흡수하지 못할 것이다. 지구의 한계를 넘어서면 우리가 알고 있는 경제에서 남아나는 것은 별로 없을 것이다. 우리는 발전이 무엇인지 새롭게 이해해야 한다. 즉, 우리의 경제 활동이 소수에게뿐 아니라 많은 사람에게 이익이 골고루 나누어지는 방안을 궁리해야 한다.

다수의 복지를 장기적으로 보장하려면, 소득과 수익을 다수에게 재분배해야 한다. 이는 부자들에게도 이익이 될 것이다. 사회에 평화를 보장하고 사회의 회복력이 강화되기 때문이다. 우선 평균 소득을 높이는 것이 중요하다. 그러려면 강력한 노동조합, 높은 최저임금, 사회 안전망이 잘 갖춰진 복지 국가가 필요하다. 앞으로는 탈탄소화로 인해 많은 일자리가 더 이상 필요 없게 될 것이다. 석탄 채굴업은 수많은 사례 중 하나에 불과하다. 디지털화와 인공지능은 훨씬 더 많은 일자리에 영향을 미칠 것이다. 아무 영향을 받지 않고 끝까지 유지되는 일자리는 거의 없을 것이다. 이 때문에 전환기에 사람들을 지원해줄 두툼한 사회 안전망이 필요하다. 대부분의 직업이 그냥 사라지지는 않을 것이다. 그리고 재교육을 받거나 새로운 자격증을 취득해야 하는 근로자들이 그 어느 때보다 많아질 것이다. 일자리를 잃은 사람이나 적어도 친숙한 것에서 느끼던 안정감을 잃은 사람들에게 후하게 지원해주지 못한다면, 이 전환 과정은 혼돈과 반란의 도가니가 되어버리고 말 것이다.

발전된 공정한 사회가 어떤 모습일지에 대한 깊은 생각이 많이 오가고 있다. 여기에서 조건 없는 기본소득이 자주 주목받곤 한다. 이는 모든 사람에게 아무 조건 없이 또는 매우 낮은 자격 요건이 충족되는 경우에 정기적으로 일정 금액을 계좌로 지급한다는 아이디어다.

이 기본소득을 시행하는 전략은 여러 가지가 있다. 대부분 전략은 사회 안전망 강화를 목표로 하지만, 실리콘밸리의 기본소득 옹호자들은 재분배 정책으로서보다는 복지 혜택이 축소된 국가가 제공하는 유일한 사회적 혜택이라는 데 주목한다. 하지만 여기에서 중요한 문제는 기본소득의 재원을 어떻게 마련하느냐다. 적정 수준의 조건 없는 기본소득을 지급하기 위한 재원 조달 방안으로 세금 인상이 충분한 지지를 얻지 못한다면, 국가에서 기본소득에 의존해 사는 사람들에게 집중적으로 지급하는 것이 더 공정한 것 같다.

지금까지 정말 혁신적이고 포괄적인 사회 안전망을 형성하는 기본소득제도를 성공적으로 도입한 국가는 그 어디에도 없다. 몇몇 국가가 일부 지역에서 보편적 기본소득 프로그램을 실험했지만, 일관된 실험 결과를 도출해내지는 못했다. 브라질과 남아프리카공화국 같은 국가들은 실제로 20세기 말에 직접적으로 현금을 지급하여 빈곤 예방에 큰 효과를 거두었지만, 다수의 희생을 대가로 소수가 이익을 얻는 경제 체제의 근본적 결함은 개선하지 못했다. 이런 점에 비추어볼 때, 보편적 기본소득제도 역시 진정한 해결책이라기보다는 역기능적 사회 체계에 대한 땜질식 처방이라고 봐야 할 것이다.

공공재화에 직접적 연결 고리를 갖는 모델로 '기본배당금'이 있다. 이와 같은 모델은 알래스카에서 이미 시행 중이다. '영구기금배당'은 알래스카의 천연자원을 채굴하는 석유회사가 수익 일부를 기금으로 납부하고, 그 기금이 주민들에게 지급되는 제도다. 주민들은 해마다 1인당 1000~2000달러를 받는다.

이 제도의 이면에는 인류가 공동의 유산, 즉 대기, 광물, 금속, 화석연료, 강, 바다, 생물권 등의 공공재를 함께 나누어 사용한다는 생각이 깔려 있다. 이 공공재를 부자들이 돈을 지불하고 임대계약을 하듯 사유화해 대중은 접근할 수 없게 되었고 소수의 사람만이 마음대로 향유하고 있다. 일부 사람들이 우리 모두에게 속한 재화를 착취해 돈벌이를 한다면, 이건 정의의 문제로 보아야 한다.

이 문제를 기본배당금으로 해결할 수 없을지 모르지만, 적어도 완화할 수는 있다. 물론 기본배당금이 사회복지보조금을 대체하는 용도로 쓰이지 않는 경우에만 가능하다. 세금으로 재원을 마련하는 기본소득과는 달리 기본배당금으로 지급할 수 있는 금액은 일반적으로 세금보다 적은 데다 가변적이기 때문이다. 따라서 기본배당금은 소액의 추가 소득이 되어야 하고, 환경을 파괴한 사람들에게 환경 파괴 비용이라는 명목으로 부담시켜야 한다.

이런 점에서 기본배당금은 평등한 분배로 향하는 좋은 조치가 될 것이고, 사람들이 직접 수급하여 혜택을 누리는 것이라서 조세 정책에 큰 변화를 몰고 올 것이다.

이 모든 것이 우리에게 던지는 의미는 무엇일까?

세금이 사회적·환경적 변화를 위해 중요하다는 건 두말할 필요가 없지만 결국에는 구매력을 이동시키는 수단이나 다를 바 없다. 우리가 이 구매력을 환경을 위한 투자에 투입하길 원한다면, 변화가 저절로 일어나길 기대해선 안 된다. 변화를 총체적으로 체계화해야 한다. 이 말은 즉, 환경에 유해한 다른 에너지에 투자하는 것이 수익성이 더 좋다 하더라도 그보다는 에너지 전환 프로젝트에 자금을 투입하는 일에 우선순위를 두어야 한다는 것이다.

추가적으로 국가 부채를 늘리거나 화폐 공급을 늘리는 것은 자금을 오로지 장래성 있는 기술과 인프라에 투입하는 경우에만 위기를 극복하는 수단이 될 수 있다. 하지만 현재 논의되고 있고 일부 이미 적용되고 있는 접근법 중 이제까지 그 어느 것도 생태계의 실존적 위기에 필수불가결할 만큼 경제 시스템을 근본적으로 개혁할 수 있는 건 없다. 기후변화, 생물종 멸종, 토양 비옥도 감소, 원시림 소멸, 지구온난화와 해양 오염 및 어류 남획으로 인한 해양 시스템 붕괴를 해결해줄 방법이 없다. 그리고 인간의 고통, 불평등, 사회 양극화와 붕괴에 맞서 싸우는 일에는 소홀하다.

환경 위기와 사회 위기는 떼려야 뗄 수 없이 서로 얽혀 있다. 우리 모두 하나가 되어 행동할 때 이 위기를 극복할 수 있다. 이 말은 결국 정부가 적극적으로 나서서 이끌고 나가야 한다는 의미다. 시장이 우리 문제를 해결할 수 있을 것이란 생각을 버리는 것도 매우 중요하다.

장기적으로 보면 막대한 비용을 절감하는 것이지만 단기적으로는 기존 에너지 자원보다 비싼 에너지 자원으로 완전히 전환하려면, 국가의 강력한 개입이 필요하고 대다수 국민의 지지가 뒷받침되어야 한다. 정부는 친환경 에너지 투자 촉진을 위한 보조금을 지급하기 위해 세금을 인상해야 한다. 그리고 이런 위기를 불러오는 데 주된 역할을 하고 비용을 낼 수 있을 만큼 부유한 사람들에게 에너지 전환 비용을 감당하게 하겠다는 입장을 분명하게 보여주어야 한다. 아무튼 우리 경제 시스템에서 혜택을 받지 못하는 사람들로부터 세금을 더 거두어서는 안 된다. 재분배는 불가피하게 꼭 필요하다.

자산 상위 10% 계층에게 효과적으로 과세하고 치밀하게 시행한다면, 대다수 국민이 지지할 것이다. 또 부유층에 대한 과세는 국가의 생산성과 경쟁력을 약화시키지 않을 것이다. 지속가능성을 보장하는 동시에 생태 전환에 대한 투자를 촉진하는 과세 정책을 추진하는 일은 그다지 어렵지 않다.

이런 일이 현실이 될 수 있을까? 우리 앞에 놓인 도전은 거대하고, 지난 50년간 별로 앞으로 나아가지 못했기 때문에 그렇게 희망적으로만 볼 수는 없다.

50여 년 전인 1972년에 이미 《성장의 한계》는 우리 앞에 기술적·사회적·경제적·정치적 요소가 서로 얽혀 겹겹이 쌓인 위기가 놓여 있다고 기술하며 대중의 이목을 집중시켰다. 오늘날 우리가 '다중위기'라고 이르는 것이었다.[58] 당시에는 이런 주장이 크게 공감을 얻지 못했다. 아마도 로마클럽의 연구 결과도 오늘날에 이르러서야 비로소 제대로 이해하게 된 것 같다. 우리는 연속적인 팬데믹, 지정학적 긴장과 전쟁, 환경 위기와 사회 위기를 마주하고 있다. 우리의 현재 시스템이 얼마나 취약한지 분명해졌다. 이 취약성이 불확실성과 미래에 대한 불안을 부추긴다. 간단한 해결책을 약속하는 선동 정치가들이 판을 치기 좋은 무대가 만들어지고 있다.

이런 상황에서 현재 극우파들이 득세한다. 해결책은 제시하지도 못하면서 약자에 대한 적개심만 일으킨다. 하지만 우리가 위기를 극복하고 생계를 유지하기를 원한다면, 서로를 반목시켜 이익을 얻는 행태를 허용해선 안 된다. "위기를 기회로 이용하라"는 말이 있다. 여러 위기가 합쳐져 있으니 이보다 더 좋은 기회는 없을 것이다. 공멸을 피하려면 어떤 변화든 만들어야 하지 않을까?

때때로 우리 앞에 놓인 압도적 도전에 직면하여 좌절하지 않을 수 없다. 하지만 한 가지 단순한 사실을 기억하면 좌절감을 누그러뜨릴 수 있다. 모든 위기의 근저에는 정치적 결정이 놓여 있다! 경제학자 토마 피케티는 "이윤과 임금, 자본과 부채, 숙련된 노동자와 비숙련 노동자, 내국인과 외국인, 조세 회피처와 경쟁력이 그 자체로 존재하지 못하듯, 시장과 경쟁도 그 자체로 존재하지 못한다"라고 적었다.[59] 우리는 사람이 만들어놓은 시스템 안에서 살고 있다. 그러므로 사람이 이 시스템을 바꿀 수 있다. 과거에 우리는 사회 구조를 새로운 환경에 맞춰 조정할 수 있음을 증명하곤 했다. 이제 다시 시작할 때다.

|주|

1   Lucas Chancel et al.: World Inequality Report 2022.

URL: wir2022.wid.world/www-site/uploads/2023/03/

D_FINAL_WIL_RIM_RAPPORT_2303.pdf(15.12.2023). 부의 분배에 관한 정보가

제한적이라서 관련 자료를 작성하고 분석하기 어렵다. 그럼에도 다양한

정보원을 찾아보면 정확한 수치는 조금 다를 수 있어도 상당히 신뢰할 만한

정보를 얻을 수 있다. 이 책은 정확한 수치보다는 추세를 나타내는 데 중점을 둔

"세계불평등보고서"(2022년) 자료를 바탕으로 했다.

2   Lucas Chancel et al.: World Inequality Report 2022, Paris

2021. URL: wir2022.wid.world/www-site/uploads/2023/03/

D_FINAL_WIL_RIM_RAPPORT_2303.pdf(15.12.2023).

3   Larry Elliott: World's 26 Richest People Own As Much As Poorest 50%, Says

Oxfam, in: The Guardian Online, 21.01.2019. URL: www.theguardian.com/

business/2019/jan/21/world-26-richest-people-own-as-much-as-poorest-

50-per-cent-oxfam-report(15.12.2023).

4   Lucas Chancel, Philipp Bothe, Tancrède Voituriez: Climate Inequality Report

2023. Fair Taxes for a Sustainable Future in the Global South, Paris 2023. URL:

wid.world/wpcontent/uploads/2023/01/CBV2023-ClimateInequalityReport-

2.pdf(15.12.2023).

5   Sighard Neckel: Zerstörerischer Reichtum. Wie eine globale Verschmutzerelite

das Klima ruiniert, in: Blätter für deutsche und internationale Politik 4(2023).

URL: www.blaetter.de/ausgabe/2023/april/zerstoererischer-reichtum

(15.12.2023). 독일만 놓고 보면 이 그림이 명확하게 드러난다. 2019년 한 해에

독일의 빈곤층이 1인당 이산화탄소를 3톤 조금 넘게 배출한 반면, 상위 1%의 초부유층은 약 35배에 달하는 105톤을 배출했다. Vgl. Lalon Sander: Zu viel Knete killt das Klima, in: taz Online, 25.03.2023. URL: www.taz.de/Ungleiche-Emissionen-in-Deutschland/!5922585/ (15.12.2023).

6   Katharine Gammon: How the Billionaire Space Race Could Be One Giant Leap for Pollution, in: The Guardian Online, 19.07.2021. URL: www.theguardian.com/science/2021/jul/19/billionaires-space-tourism-environment-emissions (15.12.2023).

7   Lucas Chancel: Global Carbon Inequality Over 1990–2019, in: Nature Sustainability 5(2022), S. 931–938. URL: www.nature.com/articles/s41893-022-00955-z(15.12.2023).

8   Lucas Chancel et al.: World Inequality Report 2022. Executive Summary.

9   Branko Milanović: Kapitalismus Global. Über die Zukunft des Systems, das die Welt beherrscht, Berlin 2020, S. 31.

10 The World Bank: Pakistan: Flood Damages and Economic Losses Over USD 30 Billion and Reconstruction Needs Over USD 16 Billion – New Assessment. URL: www.worldbank.org/en/news/press-release/2022/10/28/pakistan-flood-damages-and-economic-losses-over-usd-30-billion-and-reconstruction-needs-over-usd-16-billion-new-assessme (15.12. 2023).

11 Vera Songwe, Nicholas Stern, Amar Bhattacharya: Finance for Climate Action. Scaling Up Investment for Climate and Development, London 2022. URL: www.lse.ac.uk/granthaminstitute/wp-content/uploads/2022/11/IHLEG-Finance-for-Climate-Action-1.pdf(15.12.2023).

12 독일에서는 향후 몇 년 동안 화석연료에서 재생 에너지로의 전환을 위해 GDP의 1-2%를 추가 투자해야 할 것으로 추정한다. 이 정도 비율은 다른 선진국에 비해 낮은 편이다. 독일은 이미 재생 에너지원 전환에 다소 진전을 이루었기 때문이다.

13 Marcel Fratzscher: Superreiche können den Staat retten. URL: www.diw.de/
    de/diw_01.c.875507.de/nachrichten/superreiche_koennten_den_staat_retten.ht
    ml(15.12.2023).

14 Larry Elliott: G20 Must Forge Agreement to Increase Tax on Rich, Say
    Campaigners, in: The Guardian, 05.09.2023. URL: www.theguardian.com/
    world/2023/sep/05/g20-must-forge-agreement-to-increase-tax-on-rich-
    say-campaigners(15.12.2023).

15 Marcel Fratzscher: Gefangen am unteren Rand, in: Zeit Online, 18.08.2017.
    URL: www.zeit.de/wirtschaft/2017-08/soziale-ungleichheit-zufriedenheit-
    deutschland-fratzscher/(15.12.2023).

16 Pew Research Center: On Climate Change, Republicans are Open to
    Some Policy Approaches, Even As They Assign the Issue Low Priority,
    in: Pew Research Center, 23.07.2021. URL: www.pewresearch.org/short-
    reads/2021/07/23/on-climate-change-republicans-are-open-to-
    some-policy-approaches-even-as-they-assign-the-issue-low-
    priority/(15.12.2023).

17 Kate Raworth: Die Donut-Ökonomie. Endlich ein Wirtschaftsmodell, das den
    Planeten nicht zerstört, München 2018, S. 47 f.

18 o.V.: Penny-Discounter schlägt Umweltkosten auf Artikelpreise drauf, in: Zeit
    Online, 30. 07.2023. URL: www.zeit.de/wirtschaft/2023-07/lebensmittel-
    penny-wahrer-preis-umweltfolgekost(15.12.2023).

19 Geoffrey Supram, Stefan Rahmstorf, Naomi O'Reskes: Assessing ExxonMobil's
    global warming projections, in Science 6628(2023). URL: www.science.org/
    doi/10.1126/science.abk0063(15.12.2023).

20 Angus Deaton, ≫In Amerika ist eine neue Unterschicht entstanden≪,
    Spiegel Online, https://www.spiegel.de/wirtschaft/angus-deaton-in-amerka-
    ist-eine-neue-unterklasse-entstanden-a-cac316bb-cea4-4757-a3a5-

a79d955c9b33 (03.10.2023).

21   Jason Bordoff: Behind All the Talk, This Is What Big Oil Is Actually Doing, in: New York Times Online, 07.08.2023. URL: www.nytimes.com/2023/08/07/opinion/oil-fossil-fuels-clean-energy.html (15.12.2023).

22   The Club of Rome, München 2022, S.181.

23   Die Bundesregierung: Mehr Tempo beim Ausbau der Solarenergie, 05.05.2023. URL: www.bundesregierung.de/breg-de/schwerpunkte/klimaschutz/photovoltaik-strategie-2188542 (15.12.2023).

24   John Meynard Keynes, Die Wirtschaftlichen Folgen des Friedensvertrages, 1920, S.13.

25   Jasper Jolly: Shell drops target to cut oil production as CEO aims for higher profits, in: The Guardian, 14.06.2023. URL: www.theguardian.com/business/2023/jun/14/shell-drops-target-to-cut-oil-production-as-ceo-guns-for-higher-profits (15.12.2023).

26   Derek Brower et al.: The Energy Transition Will Be Volatile, in: Financial Times Online, 29.06.2023. URL: www.ft.com/content/86d71297-3f34-48f3-8f3f-28b7e8be03c6 (15.12.2023).

27   Philip Thornton et al., Perspective: What might it cost to reconfigure food systems?, in: www.sciencedirect.com/science/article/pii/S2211912422000591 (15.12.2023).

28   Sandrine Dixson-Decleve et al.: Earth for All. A Survival Guide for Humanity, Gabriola 2022, S.171.

29   International Renewable Energy Agency: World Energy Transitions Outlook: 1.5 °C Pathway. Executive Summary, Abi Dhabi 2022. URL: www.irena.org/-/media/Files/IRENA/Agency/Publication/2021/Jun/IRENA_WETO_Executive_Summary_2021.pdf (15.12.2023).

30   Bundesverband der Deutschen Industrie: Klimapfade nach der Zeitenwende,

15. 09.2022. URL: www.bdi.eu/artikel/news/klimapfade-2-0-wie-wir-unser-industrieland-klimaneutral-gestalten(15.12.2023).

31   Wilson Center: The Promise and Pitfalls of the Clean Energy Transition, 20.04.2023. URL: www.wilsoncenter.org/article/promise-and-pitfalls-clean-energy-transition(15.12.2023).

32   The Greens/EFA in the European Parliament: Tax the Rich: From Slogan to Reality, Brüssel 2023, S. 4. URL: extranet.greens-efa-service.eu/public/media/file/1/8513(15.12.2023).

33   Chuck Collins: Born on Third Base, Chelsea 2016, S.120.

34   Ebd.

35   Statista: Befürworten Sie eine Vermögenssteuer für Personen mit einem Vermögen von mindestens einer Millionen (sic!) Euro?, 05.05.2023. URL: de.statista.com/statistik/daten/studie/1366064/umfrage/umfrage-zur-vermoegenssteuer-fuer-millionaere/(15.12.2023).

36   Momentum Institut: Verteilung im Fokus: So denken die Vielen, 03.04.2023. URL: www.momentum-institut.at/news/verteilung-im-fokus(15.12.2023).

37   Michael L.Hughes: Shouldering the Burdens of Defeat. West Germany and the Reconstruction of Social Justice, Chapel Hill 1999, S. 85.

38   Konrad-Adenauer-Stiftung: Verabschiedung des Lastenausgleichsgesetzes, 15.04.2020. URL: www.kas.de/de/web/geschichte-der-cdu/kalender/kalender-detail/-/content/verabschiedung-des-lastenausgleichsgesetzes(15.12.2023).

39   Hughes, Shouldering the Burdens of Defeat, S. 4.

40   Stefan Bach: Vermögensabgabe DIE LINKE. Aufkommen und Verteilungswirkungen, Berlin 2020. URL: www.diw.de/documents/publikationen/73/diw_01.c.801975.de/diwkompakt_2020-157.pdf(15.12.2023). .

41   Statista: Befürworten Sie eine Vermögenssteuer für Personen mit einem

Vermögen von mindestens einer Millionen (sic!) Euro?.

42 World Economic Forum: Could a Wealth Tax Ever Be a Workable Climate Fix?, 23.06.2023. URL: www.weforum.org/agenda/2023/06/could-a-wealth-tax-ever-be-a-workable-climate-fix/(15.12.2023).

43 Bach, Vermögensabgabe DIE LINKE.

44 Alexander Thiele, ≫Der grundgesetzliche Rahmen für die Wiedereinführung einer Vermögensteuer≪, Forschungsförderung, Nummer 266, Februar 2023, www.boeckler.de/fpdf/HBS-008555/p_fofoe_WP_266_2023. pdf(15.12.2023).

45 Chancel/Bothe/Voituriez, Climate Inequality Report 2023, S.112.

46 Center on Budget and Policy Priorities: After Decades of Costly, Regressive, and Ineffective Tax Cuts, a New Course Is Needed, 17.05.2023. URL: www.cbpp.org/research/federal-tax/after-decades-of-costly-regressive-and-ineffective-tax-cuts-a-new-course-is(15.12.2023).

47 Marcel Fratzscher: Wir brauchen eine andere Erbschaftssteuer, in: Zeit Online, 16.12.2022. URL: www.zeit.de/wirtschaft/2022-12/erbschaftsteuer-steuerreform-debatte-erbe-vermoegen/komplettansicht(15.12.2023).

48 Anna Lehmann: Die SPD will Erben ärgern, in: taz online, 26.02.2023. URL: www.taz.de/Reform-der-Erbschaftssteuer/!5915432/(11.12.2023).

49 Netzwerk Steuergerechtigkeit: Steuererlasse in Milliardenhöhe für Erben von Großvermögen, 26.07.2023. URL: www.netzwerk-steuergerechtigkeit. de/12239-2/(15.12.2023).

50 CSPAN: Budget Issues, 31.08. 2000. URL: www.c-span.org/video/?159028-1/budget-issue(15.12.2023).

51 Julia Jirmann und Christoph Trautvetter, ≫Milliardenvermögen in Deutschland≪, Forschungsförderung, Nummer 316, Dezember 2023, www.boeckler.de/pdf/p_fofoe_WP_316_2023.pdf(04.01.2024).

52 Project Syndicate: How to Tax a Multinational, 15.04.2019. URL: www.project-

syndicate.org/commentary/multinationals-global-unitary-corporate-tax-rate-by-jayati-ghosh-2019-04 (15.12.2023).

53   In Tax We Trust: In Tax We Trust, o.D. URL: www.intaxwetrust.org (13.12.2023).

54   John Maynard Keynes: BBC Address, in: Collected Writings, Bd. 27, Cambridge 2012, S. 270.

55   o.V.: Bund verdient Milliarden mit seinen Schulden, in: Frankfurter Allgemeine Zeitung Online, 13.09.2021. URL: www.faz.net/aktuell/finanzen/wegen-negativzinsen-bund-verdient-milliarden-mit-seinen-schulden-17534619.html (15.12.2023).

56   MIT Technology Review: How Did China Come to dominate the World of Electric Cars?, 21.02.2023. URL: www.technologyreview.com/2023/02/21/1068880/how-did-china-dominate-electric-cars-policy/ (15.12.2023).

57   EV Volumes: EVs Forecast to Account for Two Thirds of Global Light-Vehicle Sales in 2035. URL: www.ev-volumes.com (15.12.2023).

58   Dennis Meadows et al.: Die Grenzen des Wachstums. Bericht des Club of Rome zur Lage der Menschheit, Reinbek bei Hamburg 1973.

59   Thomas Piketty: Kapital und Ideologie, München 2020, S. 21.

'부자 과세'와 정의로운 전환

강수돌(고려대학교 융합경영학부 명예교수)

이 책은 '기후위기 시대에 국가는 무엇을 해야 하나?'라는 주제와 관련해 매우 단도직입적이고 구체적인 제안을 합니다. '부자 과세'가 그 핵심이지요. 한 나라 안에서는 물론 세계적 차원에서도 상위 1%의 슈퍼부자들은 사회경제적 자산의 60% 내외를 차지할 정도고, 반면 하위 50%의 총재산을 다 합쳐도 전체의 20%가 될까 말까 한 수준입니다. 명실상부 '20대 80 사회'(사회 구성원의 20%는 안정된 일자리와 소득으로 잘 살지만 나머지는 힘들게 살아야 하는 불평등 사회)인 셈이죠. 이런 사회경제적 양극화는 갈수록 심해지면 심해졌지 완화하거나 평등한 방향으로 가고 있지 않습니다. 그래서 이 책 저자들은 말합니다. '부자에게 과세하라!'

저자들에 따르면 기후위기는 갈수록 기후재앙으로 치달아 앞으로 지구와 인류가 언제 어떻게 될지 매우 불안한 상황에 있습니다. 인류 전체의 생존위기라는 말이지요. 하지만 이 와중에도 인류가 공평하게 피해를 입는 것은 아닙니다. 이 점이 저자들이 더 주목하는 것인데요, 부자들이 기후위기와 인류의 생존위기에 더 많은 원인을 제공했음에도 피해는 오히려 가난한 이들이 고스란히 싫어진다는 얘기입니다. 정말 불평등하고 불의한 현실이죠.

그러면 어떻게 해야 할까요? 우선은 지금까지 수백 년 동안 인류가 당면한 사회경제적 문제를 푸는 데 시장 메커니즘이 기저에 깔려 있었다는 점을 기억해야 합니다. 그것은 우리가 사는 사회가 자본주의 시스템에 토대하고 있기 때문입니다. 시장에서는 상품과 화폐의 등가교환이 가장 핵심이지요. 그 상품을 만들기 위해 자본과 노동이 결합되고, 만들어진 상품은 시장에서 화폐로 교환되어 이윤을 실현합니다. 이렇게 시장과 상품, 화폐 중심으로 돌아가는 사회가 곧 자본주의입니다.

그런데 따지고 보면, 보통 사람들은 시장 메커니즘으로부터 이득을 얻기도 하지만 피해를 보기 일쑤입니다. 사람들은 자본이 써먹기 좋은 노동력 상품이 되기 위해, 즉 경쟁력을 갖추기 위해 어릴 때부터 치열한 경쟁 속에서 너나 할 것 없이 공부를 해야 할 뿐 아니라 취업 후에는 높은 성과를 내기 위해 심신이 소진될 지경입니다. 그러다가 경기가 나빠지거나 회사 경쟁력이 떨어지면 가차없이 퇴출되어 '잉여 인간'이 됩니다. 그런데도 우리는 자기도 모르는 사이에 지배층 논리를 내면화한 결과, 시장 메커니즘이 아니면 마치 '큰일'이라도 날 것처럼 생각합니다.

이 책 저자들에 따르면, 지배층이 선전하는 '트리클 다운' 효과는 사실상 거짓말입니다. '트리클 다운' 효과란 부자나 대기업이 시장에서 상품을 많이 팔아 돈을 많이 벌면 그 부가 아래로 흘러넘쳐 온 사회에 혜택을 준다는 이론입니다. 그러나 이 책 저자들은 오히려 '트리클 업', 다시 말해 아래쪽 부가 오히려 위로 빨려 올라간다고 얘기합니다. 실제로 세계 자본주의 각국에서 부가 축적되는 과정을 냉정히 살펴보면 공장이나 회사에 직접 고용된 노동자들의 노동만이 아니라 여성 노동, 청소년과 아동 노동, 간접고용 노동, 제3세계 노동, 그리고 자연 생태계 등 모든 생명력이 체계적으로 추출되어 자본에 의해 이윤으로 획득되고 있습니다. 그렇게 상부로 축적된 부가 과연 아래쪽으로 골고루 흘러내리는가에 대해선 우리 대다수가 '아니오!'라고 할 정도로 부정적이고요.

이렇게 '파이의 성장'이 이뤄져도 '파이의 분배'는 불평등하고 양극화를 보입니다. 그래서 곳곳에서 사회적 갈등과 긴장이 높아지지요. 심지어 요즘엔 '외국인 노동자' 또는 '난민'이 자국민의 일자리와 부를 앗아간다고 보는, 극우 성향의 포퓰리즘이나 인종주의가 100년 전 독일(히틀러 시대)처럼 곳곳에서 창궐합니다. 상층 부자들을 제외한 대다수, 특히 중산층 이하 가난한 사람들이 가져갈 파이의 몫이 갈수록 줄어들다 보니 외국인 노동자나 난민, 이주민을 '희생양'으로 삼으려 합니다.

이렇게 지구 한쪽에서는 자본과 권력에 의해 무한한 '파이의 성장' 경쟁이 이뤄지고, 다른 편에서는 '파이의 분배'를 둘러싼 사회적 갈등이 높아지고 있습니다. 그 와중에 지구 생태계는 갈수록 파괴·고갈되고, 지구온난화와 기후위기로 상징되는 인류 전체의 생존이 위기에 놓였습니다. 특히 파키스탄이나 아프리카대륙의 가난한 나라들이 최악의 홍수나 가뭄으로 극심한 피해를 입고 있지요. 실은 미국 캘리포니아 산불로 상징되듯 선진국 역시 예외는 아니고요. 하지만 세계 전체를 놓고 볼 때 기후위기를 초래한 온실가스를 압도적으로 많이 배출하는 계층이나 나라들보다 온실가스를 훨씬 덜 배출하는 사람들과 국가들이 더 많은 피해를 입는 것도 사실입니다.

이 책의 문제의식은 바로 이런 현실에서 출발합니다. 지금까지 파이의 성장을 위해 시장 메커니즘에 의존해 왔다면 이제는 파이의 분배와 기후위기 같은 문제를 해결하기 위해 시장이 아닌 국가 메커니즘을 적극 활용해야 한다고 보는 것이죠. 그중에서도 저자들은 '부자 과세'와 같은 정부의 조세 정책이 가장 중요하다고 역설합니다. 지금까지와 같이 시장 메커니즘에 모든 걸 맡기면 환경위기나 사회위기 같은 문제들을 전혀 풀 수 없다는 얘기입니다. 그래서 저자들은 '정치가 중요하다!'고 말합니다. 모든 위기의 밑바탕에는 정치적 결정 문제가 놓여 있다는 것입니다.

이 책이 특별히 흥미로운 점을 꼽아보면 다음과 같습니다.

첫째, '부자에게 과세하라!'와 같은 단순 명쾌한 문제의식에 집중하는 점입니다. 물론 부자 과세 하나만으로 기후위기 문제를 다 풀긴 어렵습니다. 그러나 일단 불평등하고 부정의한 현실을 개선하면서도 기후위기에도 대응하는 '정의로운 전환'을 제안하는 것이 이 책의 가장 큰 장점입니다. 같은 맥락에서 부자 나라들은 가난한 나라들을 위해 각종 기술적·경제적 지원을 아끼지 말 것을 주문합니다. 지구를 위한, 인류를 위한 공동의 책임감으로 접근하자는 얘기죠.

둘째, 흔히 '부자 과세'를 얘기하면 사람들은 부자들의 조세 저항이 만만찮을 것이라고 얘기합니다. 그러나 이 책은 세계 각국 백만장자나 슈퍼부자의 상속자들도 지구를 구하기 위해 기꺼이 지금보다 더 많은 세금을 내려는 태도를 보여준다고 강조합니다. 보다 객관적으로, 날로 양극화하는 현실에서 정부의 '조세 정의'를 통해 불평등이 완화할수록 사회적 긴장과 불만은 줄어듭니다. 실은 부자들도 자신이 누리는 부가 온 사회(노동, 자연)의 토대로부터 온다는 점을 잘 알고 있지요. 그러니 양심 있는 부자들은 세금을 '기꺼이' 더 내려고 합니다. 흥미롭게도 바로 이 책 서문에서 백만장자 상속녀 마를렌 엥겔호른은 스스로 증언합니다. "부는 권력을 의미하고 이 권력은 민주적으로 분배되어야" 한다고 강조하죠. 특히 2023년 9월엔 백만장자, 경제학자, 정치가 등 300여 명이 G20에 공개서한을 보내 "전 세계 선도적 경제학자들이 부유세 과세 방안을 다각적으로 제안했다"고 밝히며 300여 부자들 "모두 부유세 도입을 찬성"한다고 했습니다. "이제 남은 것은 이런 제안을 정책으로 실현하겠다는 정치적 결단뿐"이라고 하면서 정치가들의 결단을 촉구했죠.

셋째, 물론 저자들은 단순히 '부자 과세' 하나만 주장하진 않습니다. 공정한 조세 정책 외에 지속가능한 국가 채무, 유연한 통화 정책 등도 현재의 위기를 극복하는 데 중요하다고 말합니다. 나아가 저자들은 기후위기와 밀접하게 연관된 식량 생산, 에너지 소비, 국제 이주, 생활 안전 등 제반 문제들에 대해서도 새로운 발상이 필요하다고 적극 제안합니다. 특히 과거와 같은 사회복지 시스템을 넘어 기본소득 같은 새로운 발상을 검토해야 한다고 하며 '총체적 변화'의 필요성을 암시합니다.

저자들도 강조하지만 '책임 있는 자본주의'가 대안은 아닙니다. 그저 '착한 자본주의'라고 해서 기후위기를 제대로 해결한다는 보장은 없습니다. 그러나 정부가 조세 정책을 통해 현재의 자본주의 아래서도 기후위기에 적절히 대처할 수 있다고 강조합니다. 나아가 정부가 그런 방향으로 정책 변화를 이뤄 환경위기나 경제위기, 사회위기 등 오늘날 '복합 위기' 상황을 돌파하기 위해 광범위한 시민의식의 변화가 필요하다고 역설합니다. 즉 한편에서는 경제나 사회에 대한 문제의식을 넘어선 생태 감수성을 고양하는 것이 필요하고, 다른 편에서는 자기 나라 문제만 관심을 두는 것이 아니라 세계적 차원의 문제의식, 즉 세계시민의식이 필요하다고 얘기합니다. 기후위기나 경제위기가 더 이상 지역적·일국적 문제가 아니라는 것입니다.

　이 책은 이미 기후위기에 대한 문제의식이 있는 사람들은 물론 기후위기와 그 대응책에 대해 좀 더 자세히 알고 싶은 사람들, 나아가 21세기 이후를 온전히 살아야 하는 미래 세대 청소년에게 국가의 역할, 정치의 역할에 대해 곱씹을 기회와 정보를 제공하는 참 좋은 책입니다.

택스 더 리치

기후위기 시대, 국가는 무엇을 해야 하나

초판 1쇄 발행   2025년 7월 1일

지은이   요르겐 랜더스·틸 켈러호프
옮긴이   고은주

펴낸곳   이상북스
펴낸이   김영미
출판등록   제313-2009-7호(2009년 1월 13일)
주소   10546 경기도 고양시 덕양구 향기로 30, 106-1004
전화번호   02-6082-2562
팩스   02-3144-2562
이메일   klaff@hanmail.net

ISBN 979-11-94144-09-0 03300